2025
中国住户调查主要数据

国家统计局住户调查司　编

中国统计出版社
China Statistics Press

图书在版编目(CIP)数据

中国住户调查主要数据. 2025 / 国家统计局住户调查司编. —— 北京 ：中国统计出版社，2025. 4. —— ISBN 978－7－5230－0724－2

Ⅰ. F126.2

中国国家版本馆 CIP 数据核字第 20258JU765 号

中国住户调查主要数据 2025

作　　者/国家统计局住户调查司
责任编辑/冯燕玲
封面设计/李雪燕
出版发行/中国统计出版社有限公司
通信地址/北京市丰台区西三环南路甲 6 号　邮政编码/100073
发行电话/邮购(010)63376909　书店(010)68783171
网　　址/http://www.zgtjcbs.com
印　　刷/北京捷迅佳彩印刷有限公司
开　　本/787×1092 mm　1/32
字　　数/42 千字
印　　张/2.125
版　　别/2025 年 4 月第 1 版
版　　次/2025 年 4 月第 1 次印刷
定　　价/20.00 元

《中国住户调查主要数据 2025》编辑委员会

编者说明

一、2012年国家统计局实施了住户调查一体化改革，统一了抽样方法、指标名称等。本手册中2013年及以后数据来源于城乡一体化改革后的住户收支与生活状况调查，1978—2012年全国及分城乡居民人均可支配收入和人均消费支出是按新口径推算数。

二、增速或增长率若无特殊说明均为名义增速或名义增长率。

三、本手册中部分数据合计数或相对数由于单位取舍不同而产生的计算误差，未做机械调整。

前　言

从1954年在全国范围内开展农民家计调查算起，中国的住户调查已经走过了70余年的历程。这期间，住户调查结果为准确反映城乡居民生活状况、制定相应惠民政策发挥了重要作用。但是，受中国二元经济结构的影响，住户调查从建立之初就一直在城镇和农村分别独立组织调查，抽样和调查方法不同，收支统计指标口径不一致，不能直接汇总全国居民收入和消费数据。

为满足城乡统筹发展需要，更加全面准确地反映居民收入分配格局，国家统计局从2012年4季度起，对城乡住户调查实施了一体化改革，统一了城乡居民收入指标名称、分类和统计标准，建立了城乡统一的一体化住户调查，并于2014年首次发布了全国居民人均可支配收入，填补了中国住户调查的一项空白。近年来，国家统计局在住户收支调查的基础上，先后增加开展了以住户为主要调查对象的脱贫县农村住户监测调查(2020年及以前为国家农村贫困监测调查)、农民工监测调查、农户固定资产投资调查等，这些专项调查也已经成为住户调查的重要组成部分，为监测评价有关政策的实施效果发挥了重要作用。

为了更好地发挥住户调查的作用，提高住户调查的服务能力和水平，我们编写了这本《中国住户调查主要数据 2025》，把最常用、最主要的住户调查数据汇编在手册中，包括 2024 年住户调查的主要数据，主要年份的居民收支数据，分省、分区域数据以及与居民收支相关的其他统计数据等。我们衷心希望这本小册子能为您快速、便捷地获取主要居民收支数据提供帮助，成为您手头不可或缺的工具书。

国家统计局住户调查司

2025 年 3 月

目　录

一、住户调查主要指标数据

二、居民收支情况

(一)全体居民收支情况

(二)分城乡居民收支情况

1 住户调查主要指标数据

1－1　2021－2024年住户调查主要指标数据

指　　标	单位	2021	2022	2023	2024
全国居民人均可支配收入	元	35128	36883	39218	41314
城镇居民人均可支配收入	元	47412	49283	51821	54188
农村居民人均可支配收入	元	18931	20133	21691	23119
全国居民人均可支配收入实际增长速度	%	8.1	2.9	6.1	5.1
城镇居民人均可支配收入实际增长速度	%	7.1	1.9	4.8	4.4
农村居民人均可支配收入实际增长速度	%	9.7	4.2	7.6	6.3
全国居民人均可支配收入中位数	元	29975	31370	33036	34707
城镇居民人均可支配收入中位数	元	43504	45123	47122	49302
农村居民人均可支配收入中位数	元	16902	17734	18748	19605
全国居民人均消费支出	元	24100	24538	26796	28227
城镇居民人均消费支出	元	30307	30391	32994	34557
农村居民人均消费支出	元	15916	16632	18175	19280
全国居民人均消费支出实际增长速度	%	12.6	－0.2	9.0	5.1
城镇居民人均消费支出实际增长速度	%	11.1	－1.7	8.3	4.5
农村居民人均消费支出实际增长速度	%	15.3	2.5	9.2	5.8
居民人均收入基尼系数		0.466	0.467	0.465	0.465
全国居民家庭恩格尔系数	%	29.8	30.5	29.8	29.8
城镇居民家庭恩格尔系数	%	28.6	29.5	28.8	28.8
农村居民家庭恩格尔系数	%	32.7	33.0	32.4	32.3
城乡居民收入比(以农村为1)		2.50	2.45	2.39	2.34
农民工总量	万人	29251	29562	29753	29973
农民工月均收入水平	元/人	4432	4615	4780	4961

2 居民收支情况

(一)全体居民收支情况

2—1—1　2021—2024年全国居民收支情况

指　标	2021	2022	2023	2024	
	水平(元)	水平(元)	水平(元)	水平(元)	比上年增长(%)
人均可支配收入	35128	36883	39218	41314	5.3
一、工资性收入	19629	20590	22053	23327	5.8
二、经营净收入	5893	6175	6542	6908	5.6
三、财产净收入	3076	3227	3362	3435	2.2
四、转移净收入	6531	6892	7261	7644	5.3
人均消费支出	24100	24538	26796	28227	5.3
#服务性消费	10645	10590	12114	13016	7.4
一、食品烟酒	7178	7481	7983	8411	5.4
二、衣着	1419	1365	1479	1521	2.8
三、居住	5641	5882	6095	6263	2.8
四、生活用品及服务	1423	1432	1526	1547	1.4
五、交通通信	3156	3195	3652	3976	8.9
六、教育文化娱乐	2599	2469	2904	3189	9.8
七、医疗保健	2115	2120	2460	2547	3.6
八、其他用品及服务	569	595	697	773	10.8

2－1－2　2021－2024 年各地区居民人均可支配收入

地　区	2021	2022	2023	2024	
	水平（元）	水平（元）	水平（元）	水平（元）	比上年增　长（%）
全　国	35128	36883	39218	41314	5.3
北　京	75002	77415	81752	85415	4.5
天　津	47449	48976	51271	53581	4.5
河　北	29383	30867	32903	34665	5.4
山　西	27426	29178	30924	32441	4.9
内蒙古	34108	35921	38130	40077	5.1
辽　宁	35112	36089	37992	39844	4.9
吉　林	27770	27975	29797	31318	5.1
黑龙江	27159	28346	29694	31269	5.3
上　海	78027	79610	84834	88366	4.2
江　苏	47498	49862	52674	55415	5.2
浙　江	57541	60302	63830	67013	5.0
安　徽	30904	32745	34893	36782	5.4
福　建	40659	43118	45426	47857	5.4
江　西	30610	32419	34242	36007	5.2
山　东	35705	37560	39890	42077	5.5
河　南	26811	28222	29933	31552	5.4
湖　北	30829	32914	35146	36947	5.1
湖　南	31993	34036	35895	37679	5.0
广　东	44993	47065	49327	51474	4.4
广　西	26727	27981	29514	31125	5.5
海　南	30457	30957	33192	34829	4.9
重　庆	33803	35666	37595	39713	5.6
四　川	29080	30679	32514	34325	5.6
贵　州	23996	25508	27098	28561	5.4
云　南	25666	26937	28421	29932	5.3
西　藏	24950	26675	28983	31358	8.2
陕　西	28568	30116	32128	33905	5.5
甘　肃	22066	23273	25011	26612	6.4
青　海	25919	27000	28587	30117	5.4
宁　夏	27904	29599	31604	33355	5.5
新　疆	26075	27063	28947	30899	6.7

2—1—3　2021—2024年各地区居民人均消费支出

地　区	2021	2022	2023	2024	
	水平（元）	水平（元）	水平（元）	水平（元）	比上年增长（%）
全　国	24100	24538	26796	28227	5.3
北　京	43640	42683	47586	49748	4.5
天　津	33188	31324	34914	35804	2.5
河　北	19954	20890	22920	24253	5.8
山　西	17191	17537	19756	21090	6.8
内蒙古	22658	22298	27025	28113	4.0
辽　宁	23831	22604	24865	25963	4.4
吉　林	19605	17898	21411	23118	8.0
黑龙江	20636	20412	22052	23467	6.4
上　海	48879	46045	52508	52722	0.4
江　苏	31451	32848	35491	37346	5.2
浙　江	36668	38971	42194	45107	6.9
安　徽	21911	22542	23607	24996	5.9
福　建	28440	30042	31869	33876	6.3
江　西	20290	21708	23379	24726	5.8
山　东	22821	22640	24293	25645	5.6
河　南	18391	19019	21011	21956	4.5
湖　北	23846	24828	27106	27888	2.9
湖　南	22798	24083	25462	26760	5.1
广　东	31589	32169	34331	35818	4.3
广　西	18088	18343	19749	21150	7.1
海　南	22242	21500	23752	25908	9.1
重　庆	24598	25371	26515	27451	3.5
四　川	21518	22302	23550	24878	5.6
贵　州	17957	17939	20161	20871	3.5
云　南	18851	18951	20995	22280	6.1
西　藏	15342	15886	17220	18983	10.2
陕　西	19347	19848	22012	23213	5.5
甘　肃	17456	17489	19013	19829	4.3
青　海	19020	17261	20327	21204	4.3
宁　夏	20024	19136	21629	22865	5.7
新　疆	18961	17927	19715	21364	8.4

2-1-4　2021-2024 年全国居民家庭年末主要耐用消费品拥有量

单位：平均每百户

指　　标	单位	2021	2022	2023	2024
家用汽车	辆	41.8	43.5	49.7	51.2
摩托车	辆	31.5	30.8	24.5	24.3
电冰箱(柜)	台	103.9	104.2	103.4	104.8
洗衣机	台	98.7	99.0	98.2	99.2
热水器	台	89.6	89.9	89.8	94.7
空调	台	131.2	133.9	145.9	150.6
彩色电视机	台	118.7	118.9	107.8	108.7
计算机	台	47.0	47.5	44.5	44.8
移动电话	部	259.1	259.4	251.9	253.5

2—1—5　2021—2024年全国居民家庭人均主要食品消费量

单位:公斤

指　　标	2021	2022	2023	2024
粮食(原粮)	144.6	136.8	134.4	124.4
食用油	10.8	10.0	10.0	9.7
蔬菜及食用菌	109.8	108.2	113.6	108.6
肉类	32.9	34.6	39.8	38.1
#猪肉	25.2	26.9	30.5	28.1
禽类	12.3	11.7	12.4	12.5
水产品	14.2	13.9	15.2	15.1
蛋类	13.2	13.5	15.0	14.1
奶类	14.4	12.4	13.2	12.6
鲜瓜果	61.0	54.7	60.8	61.6

注:1.居民人均食品消费量来源于全国住户收支与生活状况调查,由调查户通过记账方式将日常购买或自产自食的食品消费数量记录下来。由于调查户无法区分各类食材的构成和具体分量,居民在外饮食消费只记录消费金额,不记录消费数量。

2.表2—1—5、2—2—9和2—2—10中,2021年鲜瓜果指标对应数据为"干鲜瓜果类"消费量,根据2021年11月新修订的《住户收支与生活状况调查方案》,2022年起不再发布"干鲜瓜果类"指标数据,改为发布"居民家庭人均鲜瓜果消费量"。

2—1—6　2024 年全国居民分季度收支情况

指　　标	一季度		上半年		前三季度		全年	
	水平（元）	同比增长（%）	水平（元）	同比增长（%）	水平（元）	同比增长（%）	水平（元）	比上年增　长（%）
人均可支配收入	11539	6.2	20733	5.4	30941	5.2	41314	5.3
一、工资性收入	6585	6.8	11950	5.8	17696	5.7	23327	5.8
二、经营净收入	1959	6.8	3235	6.4	4939	6.4	6908	5.6
三、财产净收入	988	3.2	1780	2.1	2585	1.2	3435	2.2
四、转移净收入	2007	4.8	3768	5.0	5721	4.9	7644	5.3
人均消费支出	7299	8.3	13601	6.8	20631	5.6	28227	5.3
一、食品烟酒	2354	10.6	4214	7.8	6206	7.1	8411	5.4
二、衣着	492	12.4	826	8.1	1109	5.1	1521	2.8
三、居住	1562	0.1	3004	1.9	4560	1.0	6263	2.8
四、生活用品及服务	380	2.9	738	2.2	1117	−0.3	1547	1.4
五、交通通信	946	14.8	1819	11.6	2865	10.0	3976	8.9
六、教育文化娱乐	722	13.4	1340	11.2	2295	10.1	3189	9.8
七、医疗保健	629	3.9	1271	4.2	1900	3.5	2547	3.6
八、其他用品及服务	214	21.7	389	13.8	579	10.9	773	10.8

注：季度收支数据不包括住户自产自用部分，年度包括。

(二)分城乡居民收支情况

2－2－1　2021－2024 年全国城镇居民收支情况

指　　标	2021	2022	2023	2024	
	水平(元)	水平(元)	水平(元)	水平(元)	比上年增长(%)
人均可支配收入	47412	49283	51821	54188	4.6
一、工资性收入	28481	29578	31321	32899	5.0
二、经营净收入	5382	5584	5903	6244	5.8
三、财产净收入	5052	5238	5392	5455	1.2
四、转移净收入	8497	8882	9205	9590	4.2
人均消费支出	30307	30391	32994	34557	4.7
#服务性消费	14058	13723	15673	16729	6.7
一、食品烟酒	8678	8958	9495	9957	4.9
二、衣着	1843	1735	1880	1913	1.8
三、居住	7405	7644	7822	8008	2.4
四、生活用品及服务	1820	1800	1910	1903	－0.4
五、交通通信	3932	3909	4495	4876	8.5
六、教育文化娱乐	3322	3050	3589	3928	9.4
七、医疗保健	2521	2481	2850	2925	2.6
八、其他用品及服务	786	814	953	1047	9.9

2—2—2　2021—2024 年全国农村居民收支情况

指　　标	2021	2022	2023	2024	
	水平(元)	水平(元)	水平(元)	水平(元)	比上年增长(%)
人均可支配收入	18931	20133	21691	23119	6.6
一、工资性收入	7958	8449	9163	9799	6.9
二、经营净收入	6566	6972	7431	7845	5.6
1.第一产业	4292	4567	4631	4686	1.2
(1)农业	3210	3443	3523	3532	0.3
(2)牧业	683	728	674	673	—0.2
2.第二产业	472	508	553	631	14.1
3.第三产业	1803	1896	2247	2528	12.5
三、财产净收入	469	509	540	580	7.5
四、转移净收入	3937	4203	4557	4895	7.4
人均消费支出	15916	16632	18175	19280	6.1
#服务性消费	6143	6358	7164	7767	8.4
一、食品烟酒	5200	5485	5880	6226	5.9
二、衣着	859	864	921	966	5.0
三、居住	3315	3503	3694	3801	2.9
四、生活用品及服务	900	934	992	1044	5.2
五、交通通信	2132	2230	2480	2702	9.0
六、教育文化娱乐	1645	1683	1951	2144	9.9
七、医疗保健	1580	1632	1916	2012	5.0
八、其他用品及服务	284	300	341	385	12.8

2—2—3 2021—2024 年各地区城镇居民人均可支配收入

地区	2021	2022	2023	2024	
	水平（元）	水平（元）	水平（元）	水平（元）	比上年增长（%）
全国	47412	49283	51821	54188	4.6
北京	81518	84023	88650	92464	4.3
天津	51486	53003	55355	57705	4.2
河北	39791	41278	43631	45610	4.5
山西	37433	39532	41327	43036	4.1
内蒙古	44377	46295	48676	50888	4.5
辽宁	43051	44003	45896	47982	4.5
吉林	35646	35471	37503	39157	4.4
黑龙江	33646	35042	36492	38212	4.7
上海	82429	84034	89477	93095	4.0
江苏	57743	60178	63211	66173	4.7
浙江	68487	71268	74997	78251	4.3
安徽	43009	45133	47446	49539	4.4
福建	51140	53817	56153	58763	4.6
江西	41684	43697	45554	47514	4.3
山东	47066	49050	51571	54062	4.8
河南	37095	38484	40234	42027	4.5
湖北	40278	42626	44990	46987	4.4
湖南	44866	47301	49243	51243	4.1
广东	54854	56905	59307	61629	3.9
广西	38530	39703	41287	43044	4.3
海南	40213	40118	42661	44307	3.9
重庆	43502	45509	47435	49778	4.9
四川	41444	43233	45227	47336	4.7
贵州	39211	41086	42772	44558	4.2
云南	40905	42168	43563	45312	4.0
西藏	46503	48753	51900	55444	6.8
陕西	40713	42431	44713	46821	4.7
甘肃	36187	37572	39833	41842	5.0
青海	37745	38736	40408	42191	4.4
宁夏	38291	40194	42395	44449	4.8
新疆	37642	38410	40578	42820	5.5

2—2—4 2021—2024 年各地区城镇居民人均消费支出

地区	2021	2022	2023	2024	
	水平(元)	水平(元)	水平(元)	水平(元)	比上年增长(%)
全国	30307	30391	32994	34557	4.7
北京	46776	45617	50897	53214	4.6
天津	36067	33824	37586	38309	1.9
河北	24192	25071	27906	29310	5.0
山西	21965	21923	24524	26089	6.4
内蒙古	27194	26667	32249	33342	3.4
辽宁	28438	26652	29091	30350	4.3
吉林	24421	21835	26677	28770	7.8
黑龙江	24422	24011	25882	27625	6.7
上海	51295	48111	54919	54980	0.1
江苏	36558	37796	40461	42197	4.3
浙江	42193	44511	47762	50704	6.2
安徽	26495	26832	27900	29323	5.1
福建	33942	35692	37674	39910	5.9
江西	24587	25976	27733	29070	4.8
山东	29314	28555	30251	31625	4.5
河南	23178	23539	25570	26507	3.7
湖北	28506	29121	31500	32473	3.1
湖南	28294	29580	31035	32625	5.1
广东	36621	36936	39333	41055	4.4
广西	22555	22438	24427	26084	6.8
海南	27565	26418	28930	31507	8.9
重庆	29850	30574	31531	32360	2.6
四川	26971	27637	29280	30874	5.4
贵州	25333	24230	27693	28512	3.0
云南	27441	26240	28338	29755	5.0
西藏	28159	28265	28858	31292	8.4
陕西	24784	24766	27303	28543	4.5
甘肃	25757	25207	27044	28013	3.6
青海	24513	21700	25373	26413	4.1
宁夏	25386	24213	27076	28469	5.1
新疆	25724	24142	26134	28248	8.1

2—2—5　2021—2024年各地区农村居民人均可支配收入

地　区	2021	2022	2023	2024	
	水平(元)	水平(元)	水平(元)	水平(元)	比上年增长(%)
全　国	18931	20133	21691	23119	6.6
北　京	33303	34754	37358	39856	6.7
天　津	27955	29018	30851	32715	6.0
河　北	18179	19364	20688	22022	6.4
山　西	15308	16323	17677	18741	6.0
内蒙古	18337	19641	21221	22543	6.2
辽　宁	19217	19908	21483	22744	5.9
吉　林	17642	18134	19472	20704	6.3
黑龙江	17889	18577	19756	20963	6.1
上　海	38521	39729	42988	45644	6.2
江　苏	26791	28486	30488	32414	6.3
浙　江	35247	37565	40311	42786	6.1
安　徽	18372	19575	21144	22507	6.4
福　建	23229	24987	26722	28525	6.7
江　西	18684	19936	21358	22673	6.2
山　东	20794	22110	23776	25257	6.2
河　南	17533	18697	20053	21330	6.4
湖　北	18259	19709	21293	22580	6.0
湖　南	18295	19546	20921	22204	6.1
广　东	22306	23598	25142	26729	6.3
广　西	16363	17433	18656	19954	7.0
海　南	18076	19117	20708	22146	6.9
重　庆	18100	19313	20820	22221	6.7
四　川	17575	18672	19978	21303	6.6
贵　州	12856	13707	14817	15856	7.0
云　南	14197	15147	16361	17450	6.7
西　藏	16932	18209	19924	21578	8.3
陕　西	14745	15704	16992	18199	7.1
甘　肃	11433	12165	13131	14105	7.4
青　海	13604	14456	15614	16715	7.1
宁　夏	15337	16430	17772	19015	7.0
新　疆	15575	16550	17948	19427	8.2

2－2－6　2021－2024 年各地区农村居民人均消费支出

地　区	2021	2022	2023	2024	
	水平（元）	水平（元）	水平（元）	水平（元）	比上年增长（%）
全　国	15916	16632	18175	19280	6.1
北　京	23574	23745	26277	27349	4.1
天　津	19285	18934	21553	23129	7.3
河　北	15391	16271	17244	18412	6.8
山　西	11410	12091	13684	14626	6.9
内蒙古	15691	15444	18650	19631	5.3
辽　宁	14606	14326	16040	16742	4.4
吉　林	13411	12729	14354	15467	7.8
黑龙江	15225	15162	16453	17295	5.1
上　海	27205	27430	30782	32320	5.0
江　苏	21130	22597	25029	26975	7.8
浙　江	25415	27483	30468	33043	8.5
安　徽	17163	17980	18905	20154	6.6
福　建	19290	20467	21746	23179	6.6
江　西	15663	16984	18421	19692	6.9
山　东	14299	14687	16075	17253	7.3
河　南	14073	14824	16638	17515	5.3
湖　北	17647	18991	20922	21326	1.9
湖　南	16951	18078	19210	20068	4.5
广　东	20012	20800	22209	23057	3.8
广　西	14165	14658	15435	16525	7.1
海　南	15487	15145	16924	18415	8.8
重　庆	16096	16727	17964	18918	5.3
四　川	16444	17199	17901	18878	5.5
贵　州	12557	13172	14260	14802	3.8
云　南	12386	13309	15147	16214	7.0
西　藏	10577	11139	12619	13985	10.8
陕　西	13158	14094	15647	16731	6.9
甘　肃	11206	11494	12575	13107	4.2
青　海	13300	12516	14790	15421	4.3
宁　夏	13536	12825	14649	15622	6.6
新　疆	12821	12169	13645	14738	8.0

2—2—7 2021—2024年全国城镇居民家庭年末主要耐用消费品拥有量

单位:平均每百户

指　　标	单位	2021	2022	2023	2024
家用汽车	辆	50.1	51.4	55.9	57.3
摩托车	辆	18.2	17.9	13.7	13.6
电冰箱(柜)	台	104.2	104.4	101.9	102.9
洗衣机	台	100.5	100.6	98.5	99.4
热水器	台	98.1	98.2	97.2	100.6
空调	台	161.7	163.5	171.7	175.7
彩色电视机	台	120.3	120.6	107.2	108.0
计算机	台	63.2	63.4	58.2	58.7
移动电话	部	253.6	254.0	239.5	241.3

2—2—8 2021—2024年全国农村居民家庭年末主要耐用消费品拥有量

单位:平均每百户

指　　标	单位	2021	2022	2023	2024
家用汽车	辆	30.2	32.4	40.0	41.7
摩托车	辆	49.9	49.0	41.4	41.0
电冰箱(柜)	台	103.5	103.9	105.7	107.7
洗衣机	台	96.1	96.8	97.6	98.8
热水器	台	77.9	78.1	78.1	85.5
空调	台	89.0	92.2	105.7	111.5
彩色电视机	台	116.3	116.5	108.8	109.9
计算机	台	24.6	25.0	23.1	23.2
移动电话	部	266.6	266.9	271.2	272.6

2—2—9 2021—2024 年全国城镇居民家庭人均主要食品消费量

单位：公斤

指标	2021	2022	2023	2024
粮食(原粮)	124.8	116.2	115.6	106.7
食用油	10.1	9.4	9.3	9.2
蔬菜及食用菌	112.0	110.9	114.0	108.5
肉类	34.4	35.2	39.6	37.9
#猪肉	25.1	26.0	28.7	26.4
禽类	12.3	11.9	12.6	12.8
水产品	16.7	16.2	17.4	17.0
蛋类	13.4	13.8	14.6	13.9
奶类	18.2	15.4	16.3	15.1
鲜瓜果	67.7	60.5	67.6	67.5

2—2—10 2021—2024 年全国农村居民家庭人均主要食品消费量

单位：公斤

指标	2021	2022	2023	2024
粮食(原粮)	170.8	164.6	159.8	148.6
食用油	11.7	10.8	10.9	10.4
蔬菜及食用菌	107.0	104.6	113.0	108.9
肉类	30.9	33.7	40.1	38.6
#猪肉	25.4	28.1	32.9	30.4
禽类	12.4	11.4	12.0	12.2
水产品	10.9	10.7	12.2	12.5
蛋类	13.0	13.1	15.4	14.4
奶类	9.3	8.4	8.9	9.0
鲜瓜果	52.4	46.7	51.7	53.5

2—2—11　2024年全国城镇居民分季度收支情况

指　标	一季度		上半年		前三季度		全年	
	水平（元）	同比增长（%）	水平（元）	同比增长（%）	水平（元）	同比增长（%）	水平（元）	比上年增长（%）
人均可支配收入	15150	5.3	27561	4.6	41183	4.5	54188	4.6
一、工资性收入	9230	5.9	16720	4.9	24869	4.9	32899	5.0
二、经营净收入	1894	7.5	3317	6.4	5009	6.6	6244	5.8
三、财产净收入	1571	2.2	2824	1.2	4132	0.2	5455	1.2
四、转移净收入	2455	3.4	4700	4.1	7173	3.8	9590	4.2
人均消费支出	8943	7.7	16780	6.1	25530	5.0	34557	4.7
一、食品烟酒	2800	10.4	5086	7.3	7523	6.7	9957	4.9
二、衣着	612	12.0	1033	7.3	1394	4.1	1913	1.8
三、居住	2024	−0.7	3884	1.4	5909	0.7	8008	2.4
四、生活用品及服务	450	1.2	900	0.0	1360	−2.4	1903	−0.4
五、交通通信	1149	14.4	2216	11.4	3508	9.5	4876	8.5
六、教育文化娱乐	886	13.7	1669	11.0	2865	9.5	3928	9.4
七、医疗保健	735	2.2	1469	3.4	2180	2.6	2925	2.6
八、其他用品及服务	287	21.6	523	12.9	791	10.1	1047	9.9

注：季度收支数据不包括住户自产自用部分，年度包括，下表同。

2—2—12　2024年全国农村居民分季度收支情况

指　标	一季度		上半年		前三季度		全年	
	水平（元）	同比增长（%）	水平（元）	同比增长（%）	水平（元）	同比增长（%）	水平（元）	比上年增长（%）
人均可支配收入	6596	7.6	11272	6.8	16740	6.6	23119	6.6
一、工资性收入	2965	8.7	5339	7.3	7750	6.8	9799	6.9
二、经营净收入	2049	6.1	3123	6.3	4843	6.0	7845	5.6
1.第一产业	1113	0.4	1410	0.8	2254	0.6	4686	1.2
(1)农业	752	−2.1	815	−1.6	1419	−0.5	3532	0.3
(2)牧业	276	0.4	411	−0.3	575	−0.8	673	−0.2
2.第二产业	217	12.5	360	11.0	531	10.9	631	14.1
3.第三产业	718	14.1	1353	11.5	2058	11.4	2528	12.5
三、财产净收入	190	7.9	334	6.2	439	6.4	580	7.5
四、转移净收入	1392	7.4	2476	6.6	3708	6.9	4895	7.4
人均消费支出	5050	9.1	9197	7.6	13839	6.5	19280	6.1
一、食品烟酒	1741	10.3	3005	8.4	4381	7.5	6226	5.9
二、衣着	328	12.5	539	9.1	713	6.6	966	5.0
三、居住	930	1.4	1786	2.3	2689	0.9	3801	2.9
四、生活用品及服务	286	6.1	514	6.9	781	4.4	1044	5.2
五、交通通信	666	14.8	1270	11.3	1974	10.3	2702	9.0
六、教育文化娱乐	499	12.1	884	11.0	1506	10.8	2144	9.9
七、医疗保健	485	7.2	996	5.4	1509	4.9	2012	5.0
八、其他用品及服务	115	20.4	203	15.4	286	12.5	385	12.8

(三)按四大经济区域分组居民收支情况

2—3—1　2021—2024年东、中、西部及东北地区全体居民人均可支配收入

组　别	2021	2022	2023	2024	
	水平（元）	水平（元）	水平（元）	水平（元）	比上年增长（%）
全国	35128	36883	39218	41314	5.3
东部地区	44980	47027	49822	52327	5.0
中部地区	29650	31434	33328	35052	5.2
西部地区	27798	29267	31100	32835	5.6
东北地区	30518	31405	33207	34947	5.2

2—3—2　2021—2024年东、中、西部及东北地区城镇居民人均可支配收入

组　别	2021	2022	2023	2024	
	水平（元）	水平（元）	水平（元）	水平（元）	比上年增长（%）
全国	47412	49283	51821	54188	4.6
东部地区	56378	58460	61472	64191	4.4
中部地区	40707	42733	44706	46621	4.3
西部地区	40583	42173	44136	46164	4.6
东北地区	38225	39098	41009	42944	4.7

2—3—3　2021—2024年东、中、西部及东北地区农村居民人均可支配收入

组　别	2021	2022	2023	2024	
	水平（元）	水平（元）	水平（元）	水平（元）	比上年增长（%）
全国	18931	20133	21691	23119	6.6
东部地区	23556	25037	26907	28646	6.5
中部地区	17858	19080	20518	21799	6.2
西部地区	15608	16632	17911	19147	6.9
东北地区	18280	18919	20300	21548	6.1

(四)居民收入分配情况

2－4－1　2021－2024 年按五等份分组的全体居民人均可支配收入

组　别	2021	2022	2023	2024	
	水平（元）	水平（元）	水平（元）	水平（元）	比上年增长（%）
20%低收入组家庭人均可支配收入	8333	8601	9215	9542	3.6
20%中间偏下收入组家庭人均可支配收入	18445	19303	20442	21608	5.7
20%中间收入组家庭人均可支配收入	29053	30598	32195	33925	5.4
20%中间偏上收入组家庭人均可支配收入	44949	47397	50220	53359	6.3
20%高收入组家庭人均可支配收入	85836	90116	95055	98809	3.9

2－4－2　2021－2024 年按五等份分组的城镇居民人均可支配收入

组　别	2021	2022	2023	2024	
	水平（元）	水平（元）	水平（元）	水平（元）	比上年增长（%）
20%低收入组家庭人均可支配收入	16746	16971	17478	18003	3.0
20%中间偏下收入组家庭人均可支配收入	30133	31180	32202	33351	3.6
20%中间收入组家庭人均可支配收入	42498	44283	46276	48508	4.8
20%中间偏上收入组家庭人均可支配收入	59005	61724	65430	68151	4.2
20%高收入组家庭人均可支配收入	102596	107224	110639	113763	2.8

2－4－3　2021－2024年按五等份分组的农村居民人均可支配收入

组　别	2021	2022	2023	2024	
	水平（元）	水平（元）	水平（元）	水平（元）	比上年增长（%）
20%低收入组家庭人均可支配收入	4856	5025	5264	5410	2.8
20%中间偏下收入组家庭人均可支配收入	11586	11965	12864	13298	3.4
20%中间收入组家庭人均可支配收入	16546	17451	18479	19337	4.6
20%中间偏上收入组家庭人均可支配收入	23167	24646	25981	27060	4.2
20%高收入组家庭人均可支配收入	43082	46075	50136	53805	7.3

2－4－4　全国居民人均可支配收入基尼系数

年　份	基尼系数
2004	0.473
2005	0.485
2006	0.487
2007	0.484
2008	0.491
2009	0.490
2010	0.481
2011	0.477
2012	0.474
2013	0.473
2014	0.469
2015	0.462
2016	0.465
2017	0.467
2018	0.468
2019	0.465
2020	0.468
2021	0.466
2022	0.467
2023	0.465
2024	0.465

(五)1978 — 2024 年居民收支增长情况

2—5—1　1978 — 2024 年全体居民人均可支配收入增长情况

年　份	人均可支配收入(元)	比上年名义增长(%)	比上年实际增长(%)	指数 1978 年=100
1978	171	—	—	100.0
1980	247	19.5	11.1	131.6
1985	479	13.0	3.4	213.2
1990	904	12.4	9.1	243.8
1995	2363	26.4	7.9	347.6
2000	3721	6.8	6.4	500.7
2002	4532	11.3	12.2	610.4
2003	5007	10.5	9.2	666.3
2004	5661	13.1	8.8	725.1
2005	6385	12.8	10.8	803.4
2006	7229	13.2	11.5	896.2
2007	8584	18.7	13.3	1015.4
2008	9957	16.0	9.5	1112.2
2009	10977	10.3	11.0	1234.8
2010	12520	14.0	10.4	1363.3
2011	14551	16.2	10.3	1503.3
2012	16510	13.5	10.6	1662.5
2013	18311	10.9	8.1	1797.1
2014	20167	10.1	8.0	1940.5
2015	21966	8.9	7.4	2084.4
2016	23821	8.4	6.3	2216.1
2017	25974	9.0	7.3	2378.4
2018	28228	8.7	6.5	2532.1
2019	30733	8.9	5.8	2679.7
2020	32189	4.7	2.1	2737.3
2021	35128	9.1	8.1	2959.7
2022	36883	5.0	2.9	3046.8
2023	39218	6.3	6.1	3232.2
2024	41314	5.3	5.1	3398.2

注：可支配收入绝对数按当年价格计算，指数按可比价计算。

2-5-2 1978—2024年城镇居民人均可支配收入增长情况

年份	人均可支配收入（元）	比上年名义增长（%）	比上年实际增长（%）	指数 1978年=100
1978	343	—	—	100.0
1980	478	17.9	9.7	127.0
1985	739	13.3	1.1	160.4
1990	1510	9.9	8.5	198.1
1995	4283	22.5	4.9	290.3
2000	6256	7.1	6.3	382.3
2002	7652	12.1	13.3	469.1
2003	8406	9.8	8.9	510.6
2004	9335	11.1	7.5	549.0
2005	10382	11.2	9.5	600.9
2006	11620	11.9	10.3	662.5
2007	13603	17.1	12.0	742.2
2008	15549	14.3	8.2	803.5
2009	16901	8.7	9.7	881.0
2010	18779	11.1	7.7	948.5
2011	21427	14.1	8.4	1028.1
2012	24127	12.6	9.6	1126.8
2013	26467	9.7	7.0	1205.4
2014	28844	9.0	6.8	1287.1
2015	31195	8.2	6.6	1371.5
2016	33616	7.8	5.6	1448.0
2017	36396	8.3	6.5	1541.6
2018	39251	7.8	5.6	1627.6
2019	42359	7.9	5.0	1708.4
2020	43834	3.5	1.2	1728.4
2021	47412	8.2	7.1	1851.6
2022	49283	3.9	1.9	1886.1
2023	51821	5.1	4.8	1976.4
2024	54188	4.6	4.4	2062.5

2—5—3　1978—2024 年农村居民人均可支配收入增长情况

年　份	人均可支配收入（元）	比上年名义增长（%）	比上年实际增长（%）	指数 1978 年=100
1978	134	—	—	100.0
1980	191	19.5	16.6	139.0
1985	398	11.9	7.8	268.9
1990	686	14.1	1.8	311.2
1995	1578	29.2	5.3	383.6
2000	2282	2.4	2.5	489.6
2002	2529	5.1	5.3	539.2
2003	2690	6.4	4.8	564.9
2004	3027	12.5	7.3	606.1
2005	3370	11.4	6.7	646.6
2006	3731	10.7	7.9	697.6
2007	4327	16.0	10.0	767.7
2008	4999	15.5	8.5	833.1
2009	5435	8.7	9.0	908.3
2010	6272	15.4	11.4	1012.1
2011	7394	17.9	11.4	1127.4
2012	8389	13.5	10.7	1248.1
2013	9430	12.4	9.3	1364.5
2014	10489	11.2	9.2	1490.5
2015	11422	8.9	7.5	1602.3
2016	12363	8.2	6.2	1702.1
2017	13432	8.6	7.3	1825.5
2018	14617	8.8	6.6	1945.3
2019	16021	9.6	6.2	2066.0
2020	17131	6.9	3.8	2144.2
2021	18931	10.5	9.7	2352.9
2022	20133	6.3	4.2	2452.1
2023	21691	7.7	7.6	2638.2
2024	23119	6.6	6.3	2803.5

2—5—4　不同时期全国及分城乡居民人均可支配收入增速

报告期	全国居民收入年均实际增速（%）	城镇居民收入年均实际增速（%）	农村居民收入年均实际增速（%）
五年规划期			
"六五"时期	10.1	4.8	14.1
"七五"时期	2.7	4.3	3.0
"八五"时期	7.4	7.9	4.3
"九五"时期	7.6	5.7	5.0
"十五"时期	9.9	9.5	5.7
"十一五"时期	11.2	9.6	9.4
"十二五"时期	8.9	7.7	9.6
"十三五"时期	5.6	4.7	6.0
十年规划期			
1981—1990	6.4	4.5	8.4
1991—2000	7.5	6.8	4.6
2001—2010	10.5	9.5	7.5
2011—2020	7.2	6.2	7.8
近年			
1979—2024	8.0	6.8	7.5
1993—2024	8.2	7.1	6.9
2001—2024	8.3	7.3	7.5
2013—2024	6.1	5.2	7.0

2—5—5 1978—2024 年全体居民人均消费支出增长情况

年份	人均消费支出(元)	比上年名义增长(%)	比上年实际增长(%)	指数 1978 年=100
1978	151	—	—	100.0
1980	211	—	—	127.4
1985	402	18.3	8.3	203.0
1990	768	7.8	4.6	234.9
1995	1957	27.1	8.5	326.4
2000	2914	9.6	9.2	444.6
2002	3548	13.0	13.9	541.8
2003	3889	9.6	8.3	586.8
2004	4395	13.0	8.8	638.4
2005	5035	14.6	12.5	718.4
2006	5634	11.9	10.2	792.0
2007	6592	17.0	11.6	884.1
2008	7548	14.5	8.1	955.9
2009	8377	11.0	11.8	1068.4
2010	9378	12.0	8.4	1158.0
2011	10820	15.4	9.5	1267.5
2012	12054	11.4	8.6	1376.3
2013	13220	9.7	6.9	1471.2
2014	14491	9.6	7.5	1581.0
2015	15712	8.4	6.9	1690.6
2016	17111	8.9	6.8	1804.9
2017	18322	7.1	5.4	1902.3
2018	19853	8.4	6.2	2019.7
2019	21559	8.6	5.5	2131.6
2020	21210	−1.6	−4.0	2046.3
2021	24100	13.6	12.6	2303.8
2022	24538	1.8	−0.2	2299.3
2023	26796	9.2	9.0	2505.8
2024	28227	5.3	5.1	2633.4

注：消费支出绝对数按当年价格计算，指数按可比价计算。

2－5－6　1978－2024年城镇居民人均消费支出增长情况

年　份	人均消费支出（元）	比上年名义增长（%）	比上年实际增长（%）	指数 1978年＝100
1978	311	—	—	100.0
1980	412	—	—	121.0
1985	673	20.3	7.5	161.2
1990	1279	5.6	4.3	185.1
1995	3538	24.1	6.2	264.6
2000	5027	8.5	7.6	338.9
2002	6089	13.8	14.9	411.8
2003	6587	8.2	7.2	441.5
2004	7280	10.5	7.0	472.4
2005	8068	10.8	9.1	515.5
2006	8851	9.7	8.1	557.3
2007	10196	15.2	10.2	614.3
2008	11489	12.7	6.7	655.6
2009	12558	9.3	10.3	723.2
2010	13821	10.1	6.6	771.0
2011	15554	12.5	6.8	823.4
2012	17107	10.0	7.1	881.9
2013	18488	8.1	5.3	928.9
2014	19968	8.0	5.8	982.7
2015	21392	7.1	5.5	1037.2
2016	23079	7.9	5.7	1096.0
2017	24445	5.9	4.1	1141.4
2018	26112	6.8	4.6	1194.0
2019	28063	7.5	4.6	1248.6
2020	27007	－3.8	－6.0	1174.1
2021	30307	12.2	11.1	1304.3
2022	30391	0.3	－1.7	1282.6
2023	32994	8.6	8.3	1388.7
2024	34557	4.7	4.5	1451.1

2—5—7 1978—2024 年农村居民人均消费支出增长情况

年 份	人均消费支出（元）	比上年名义增长（%）	比上年实际增长（%）	指数 1978 年＝100
1978	116	—	—	100.0
1980	162	20.6	15.5	131.2
1985	317	15.9	7.7	220.6
1990	585	9.2	4.5	246.3
1995	1310	28.9	9.7	312.8
2000	1714	6.8	7.0	380.0
2002	1917	6.3	6.8	423.2
2003	2050	6.9	5.3	445.5
2004	2326	13.5	8.3	482.6
2005	2749	18.2	12.6	543.6
2006	3072	11.8	10.1	598.7
2007	3536	15.1	9.2	653.6
2008	4054	14.7	7.6	703.6
2009	4464	10.1	10.5	777.1
2010	4945	10.8	6.9	830.7
2011	5892	19.2	12.6	935.4
2012	6667	13.2	10.4	1032.7
2013	7485	12.3	9.2	1127.8
2014	8383	12.0	10.0	1240.7
2015	9223	10.0	8.6	1347.5
2016	10130	9.8	7.8	1452.5
2017	10955	8.1	6.8	1550.6
2018	12124	10.7	8.4	1681.2
2019	13328	9.9	6.5	1790.4
2020	13713	2.9	－0.1	1788.6
2021	15916	16.1	15.3	2062.1
2022	16632	4.5	2.5	2112.7
2023	18175	9.3	9.2	2306.9
2024	19280	6.1	5.8	2440.3

2—5—8　不同时期全国及分城乡居民人均消费支出增速

报告期	全国居民消费支出年均实际增速(%)	城镇居民消费支出年均实际增速(%)	农村居民消费支出年均实际增速(%)
五年规划期			
“六五”时期	9.8	5.9	11.0
“七五”时期	3.0	2.8	2.2
“八五”时期	6.8	7.4	4.9
“九五”时期	6.4	5.1	4.0
“十五”时期	10.1	8.7	7.4
“十一五”时期	10.0	8.4	8.9
“十二五”时期	7.9	6.1	10.2
“十三五”时期	3.9	2.5	5.8
十年规划期			
1981—1990	6.3	4.3	6.5
1991—2000	6.6	6.2	4.4
2001—2010	10.0	8.6	8.1
2011—2020	5.9	4.3	8.0
近年			
1979—2024	7.4	6.0	7.2
1993—2024	7.5	6.2	7.3
2001—2024	7.7	6.2	8.1
2013—2024	5.6	4.2	7.4

3 住户专项调查数据

3—1 农村贫困人口及贫困发生率

年 份	1978年标准		2008年标准		2010年标准	
	贫困人口（万人）	贫困发生率（%）	贫困人口（万人）	贫困发生率（%）	贫困人口（万人）	贫困发生率（%）
1978	25000	30.7			77039	97.5
1980	22000	26.8			76542	96.2
1981	15200	18.5				
1982	14500	17.5				
1983	13500	16.2				
1984	12800	15.1				
1985	12500	14.8			66101	78.3
1986	13100	15.5				
1987	12200	14.3				
1988	9600	11.1				
1989	10200	11.6				
1990	8500	9.4			65849	73.5
1991	9400	10.4				
1992	8000	8.8				
1994	7000	7.7				
1995	6540	7.1			55463	60.5
1997	4962	5.4				
1998	4210	4.6				
1999	3412	3.7				
2000	3209	3.5	9422	10.2	46224	49.8
2001	2927	3.2	9029	9.8		
2002	2820	3.0	8645	9.2		
2003	2900	3.1	8517	9.1		
2004	2610	2.8	7587	8.1		
2005	2365	2.5	6432	6.8	28662	30.2
2006	2148	2.3	5698	6.0		
2007	1479	1.6	4320	4.6		
2008			4007	4.2		
2009			3597	3.8		
2010			2688	2.8	16567	17.2
2011					12238	12.7
2012					9899	10.2
2013					8249	8.5
2014					7017	7.2
2015					5575	5.7
2016					4335	4.5
2017					3046	3.1
2018					1660	1.7
2019					551	0.6
2020					**全部脱贫**	**全部脱贫**

注：1. 1978年标准：1978—1999年称为农村贫困标准，2000—2007年称为农村绝对贫困标准。

2. 2008年标准：2000—2007年称为农村低收入标准，2008—2010年称为农村贫困标准。

3. 2010年标准：是现行农村贫困标准。现行农村贫困标准为每人每年生活水平2300元（2010年不变价）。

4. 2020年我国现行农村贫困标准下的农村贫困人口全部脱贫。

3—2 2024年中西部22省(区、市)脱贫县农村居民收支情况

地　区	人均可支配收入			人均生活消费支出		
	2024年(元)	2023年(元)	比上年增长(%)	2024年(元)	2023年(元)	比上年增长(%)
全　国	17522	16396	6.9	15138	14203	6.6
河　北	17836	16700	6.8	15478	14386	7.6
山　西	14905	13937	6.9	12804	11894	7.7
内蒙古	18876	17751	6.3	17082	16759	1.9
吉　林	15956	14990	6.4	13613	12793	6.4
黑龙江	16567	15583	6.3	14175	13457	5.3
安　徽	20528	19232	6.7	18702	17371	7.7
江　西	18436	17210	7.1	17061	15944	7.0
河　南	19455	18221	6.8	14582	13677	6.6
湖　北	18832	17612	6.9	18231	17515	4.1
湖　南	17111	16036	6.7	16052	15222	5.5
广　西	18330	17066	7.4	14760	13665	8.0
海　南	19846	18516	7.2	16948	15552	9.0
重　庆	20605	19299	6.8	16899	16144	4.7
四　川	18359	17196	6.8	16308	15438	5.6
贵　州	15733	14688	7.1	14001	13055	7.2
云　南	16307	15218	7.2	14647	13572	7.9
西　藏	21578	19924	8.3	13985	12619	10.8
陕　西	17239	16074	7.2	13832	13000	6.4
甘　肃	13015	12107	7.5	12161	11201	8.6
青　海	16715	15614	7.1	15421	14790	4.3
宁　夏	16435	15339	7.1	13399	12674	5.7
新　疆	18291	16881	8.4	12606	11595	8.7

注：脱贫县包括原832个国家扶贫开发工作重点县和集中连片特困地区县，以及新疆阿克苏地区7个市县。

3—3 农民工数量及收入水平

年 份	一、农民工总量(万人)	1.外出农民工(万人)	(1)跨省流动(万人)	(2)省内流动(万人)	2.本地农民工(万人)	二、农民工月收入水平(元/人)
2015	27747	16884	7745	9139	10863	3072
2016	28171	16934	7666	9268	11237	3275
2017	28652	17185	7675	9510	11467	3485
2018	28836	17266	7594	9672	11570	3721
2019	29077	17425	7508	9917	11652	3962
2020	28560	16959	7052	9907	11601	4072
2021	29251	17172	7130	10042	12079	4432
2022	29562	17190	7061	10129	12372	4615
2023	29753	17658	6751	10907	12095	4780
2024	29973	17871	6840	11031	12102	4961

3—4 农村住户固定资产投资情况

指 标	2020年(亿元)	2021年(亿元)	2022年(亿元)	2023年(亿元)	2024年(亿元)	2024年比上年增长(%)
农村固定资产投资完成额	8363	8337	7417	6672	6542	—1.9
一、按投资构成分						
1.建筑工程	6042	5569	5283	4678	4418	—5.6
#水利	59	54	66	69	71	2.1
住宅	4779	4452	4200	3767	3465	—8.0
2.安装工程	7	6	4	0		
3.设备工器具购置	1327	1660	1467	1339	1486	10.9
#生产设备	1323	1658	1464	1339	1487	11.0
4.其它	987	1101	663	654	638	—2.4
二、按投资方向分						
第一产业	2578	2653	2435	2091	2010	—3.9
第二产业	188	326	264	232	303	30.4
第三产业	5597	5358	4718	4349	4229	—2.8

4 与居民收支相关的其他专业统计调查数据

4—1 国内生产总值

年 份	国内生产总值(亿元)	人均国内生产总值(元)	国内生产总值增长率(%)	人均国内生产总值增长率(%)
1990	18910	1666	3.9	2.4
1995	61649	5117	11.0	9.8
2000	101309	8024	8.6	7.7
2001	112157	8818	8.3	7.5
2002	123312	9631	9.2	8.5
2003	139377	10818	10.1	9.4
2004	164228	12671	10.1	9.5
2005	189908	14567	11.5	10.8
2006	222578	16977	12.7	12.0
2007	274180	20805	14.2	13.6
2008	324318	24483	9.7	9.1
2009	354522	26631	9.4	8.9
2010	419253	31341	10.6	10.1
2011	495708	36855	9.5	8.9
2012	547511	40431	7.9	7.1
2013	603660	44281	7.8	7.1
2014	655783	47802	7.5	6.8
2015	702512	50912	7.0	6.4
2016	761193	54849	6.8	6.2
2017	847383	60691	6.9	6.2
2018	936010	66726	6.8	6.3
2019	1005872	71453	6.1	5.7
2020	1034868	73338	2.3	2.1
2021	1173823	83111	8.6	8.5
2022	1234029	87385	3.1	3.1
2023	1294272	91746	5.4	5.5
2024	1349084	95749	5.0	5.1

注:1.本表中国内生产总值、人均国内生产总值按当年价格计算;增长率按不变价格计算。

2.历史年份数据已根据国家数据库最新数据进行修订。

4—2 居民消费价格指数

年 份	居民消费价格指数（上年=100）	城市居民消费价格指数（上年=100）	农村居民消费价格指数（上年=100）
1990	103.1	101.3	104.5
1995	117.1	116.8	117.5
2000	100.4	100.8	99.9
2001	100.7	100.7	100.8
2002	99.2	99.0	99.6
2003	101.2	100.9	101.6
2004	103.9	103.3	104.8
2005	101.8	101.6	102.2
2006	101.5	101.5	101.5
2007	104.8	104.5	105.4
2008	105.9	105.6	106.5
2009	99.3	99.1	99.7
2010	103.3	103.2	103.6
2011	105.4	105.3	105.8
2012	102.6	102.7	102.5
2013	102.6	102.6	102.8
2014	102.0	102.1	101.8
2015	101.4	101.5	101.3
2016	102.0	102.1	101.9
2017	101.6	101.7	101.3
2018	102.1	102.1	102.1
2019	102.9	102.8	103.2
2020	102.5	102.3	103.0
2021	100.9	101.0	100.7
2022	102.0	102.0	102.0
2023	100.2	100.3	100.1
2024	100.2	100.2	100.3

4—3 农产品生产价格指数

年份	农产品生产价格指数（上年=100）
1990	97.4
1995	119.9
2000	96.4
2001	103.1
2002	99.7
2003	104.4
2004	113.1
2005	101.4
2006	101.2
2007	118.5
2008	114.1
2009	97.6
2010	110.9
2011	116.5
2012	102.7
2013	103.2
2014	99.8
2015	101.7
2016	103.4
2017	96.5
2018	99.1
2019	114.5
2020	115.0
2021	97.8
2022	100.4
2023	97.7
2024	99.1

4—4 主要农产品产量

年 份	粮食产量（万吨）	棉花产量（万吨）	油料产量（万吨）	肉类产量（万吨）
1990	44624	451	1613	2857
1995	46662	477	2250	5260
2000	46218	442	2955	6014
2001	45264	532	2865	6106
2002	45706	492	2897	6234
2003	43070	486	2811	6443
2004	46947	632	3066	6609
2005	48402	571	3077	6939
2006	49804	753	2640	7100
2007	50414	760	2787	6916
2008	53434	723	3037	7371
2009	53941	624	3139	7707
2010	55911	577	3157	7994
2011	58849	652	3213	8023
2012	61223	661	3286	8471
2013	63048	628	3348	8633
2014	63965	630	3372	8818
2015	66060	591	3390	8750
2016	66044	534	3400	8628
2017	66161	565	3475	8654
2018	65789	610	3433	8625
2019	66384	589	3493	7759
2020	66949	591	3586	7748
2021	68285	573	3613	8990
2022	68653	598	3654	9328
2023	69541	562	3864	9748
2024	70650	616	3979	9780

4—5 全国人口数与常住人口城镇化率

年份	年末常住人口(万人)	城镇化率(%)
1990	114333	26.41
1995	121121	29.04
2000	126743	36.22
2001	127627	37.66
2002	128453	39.09
2003	129227	40.53
2004	129988	41.76
2005	130756	42.99
2006	131448	44.34
2007	132129	45.89
2008	132802	46.99
2009	133450	48.34
2010	134091	49.95
2011	134916	51.83
2012	135922	53.10
2013	136726	54.49
2014	137646	55.75
2015	138326	57.33
2016	139232	58.84
2017	140011	60.24
2018	140541	61.50
2019	141008	62.71
2020	141212	63.89
2021	141260	64.72
2022	141175	65.22
2023	140967	66.16
2024	140828	67.00

4—6 各地区人口与常住人口城镇化率(2023年)

地　区	年末常住人口 (万人)	城镇化率 (%)
全　国	140967	66.2
北　京	2186	87.8
天　津	1364	85.5
河　北	7393	62.8
山　西	3466	65.0
内蒙古	2396	69.6
辽　宁	4182	73.5
吉　林	2339	64.7
黑龙江	3062	67.1
上　海	2487	89.5
江　苏	8526	75.0
浙　江	6627	74.2
安　徽	6121	61.5
福　建	4183	71.0
江　西	4515	63.1
山　东	10123	65.5
河　南	9815	58.1
湖　北	5838	65.5
湖　南	6568	61.2
广　东	12706	75.4
广　西	5027	56.8
海　南	1043	62.4
重　庆	3191	71.7
四　川	8368	59.5
贵　州	3865	55.9
云　南	4673	52.9
西　藏	365	38.9
陕　西	3952	65.2
甘　肃	2465	55.5
青　海	594	62.8
宁　夏	729	67.4
新　疆	2598	59.2

注:1. 本表数据为当年全国人口普查数据推算数。

2. 全国人口是指大陆31个省(自治区、直辖市)和现役军人人口,不包括香港、澳门特别行政区和台湾地区的人口。各省(自治区、直辖市)数据不包括现役军人。

4—7 城镇非私营单位就业人员平均工资及指数

年 份	就业人员（万人）	平均工资（元）	平均实际工资指数（上年=100）
2000	11613	9333	111.3
2001	11166	10834	115.3
2002	10985	12373	115.4
2003	10970	13969	111.9
2004	11099	15920	110.3
2005	11404	18200	112.5
2006	11713	20856	112.9
2007	12024	24721	113.4
2008	12193	28898	110.7
2009	12573	32244	112.6
2010	13052	36539	109.8
2011	14413	41799	108.6
2012	15236	46769	109.0
2013	18108	51483	107.3
2014	18278	56360	107.2
2015	18062	62029	108.5
2016	17888	67569	106.7
2017	17644	74318	108.2
2018	17258	82413	108.6
2019	17162	90501	106.8
2020	17039	97379	105.2
2021	17015	106837	108.6
2022	16701	114029	104.6
2023	16368	120698	105.5

5 住户收支与生活状况调查简介

住户收支与生活状况调查简介

住户收支与生活状况调查是由国家统计局负责组织实施的一项重要民生调查，调查数据是测量分析收入分配和居民福祉状况的基础，调查结果是各级政府制定各项民生政策的重要依据。住户收支与生活状况调查过去一直按照城镇和农村分别组织实施，城镇统计居民可支配收入，农村统计农民纯收入。从2012年4季度起，国家统计局对分别进行的城乡住户调查实施了一体化改革，统一了城乡居民收入指标名称、分类和统计标准，建立了城乡统一的全国住户收支与生活状况调查。

调查对象：全国住户收支与生活状况调查的调查对象为我国境内的住户，既包括城镇住户，也包括农村住户；既包括以家庭形式居住的住户，也包括以集体形式居住的住户。无论户口性质和户口登记地，所有居民均以户为单位，在常住地参加调查。

调查内容：全国住户收支与生活状况调查主要收集城乡居民的收入和消费情况，同时收集反映居民就业、社会保障参与、住房状况、家庭经营和生产投资以及收入分配影响因素的调查内容。

样本抽选：全国住户收支与生活状况调查以省为总体，采用分层、多阶段、与人口规模大小成比例和随机等距抽样相结合的方法，抽选调查住宅，确定调查户。全国共抽选出近2000个县(市、区)的1.6万个调查小区，对抽中小区中的180多万户进行全面摸底调查，在此基础上随机等距抽选出约16万住户参加记账调查。在95%的置信度下，全国居民人均可支配收入和人均消费支出的抽样误差小于1%。

数据采集与处理：全国住户收支与生活状况调查主要采用日记账和问卷调查相结合的方式采集居民收支数据，收集与收入支出有关的其他调查内容。所有调查工作由国家统计局派驻各地的调查队独立完成。由市县级调查队使用统一的方法和数据处理程序对原始调查资料进行编码、审核、录入，然后将分户基础数据直接传输至国家统计局进行统一汇总计算。为保证现场调查数据的真实、可靠，国家统计局定期随机抽选部分调查户直接进行电话回访，检查核实各地上报的数据。

脱贫县农村住户监测调查简介

调查目的:为全面、准确、及时反映脱贫县农村居民收支状况、变化趋势和帮扶成效,客观衡量居民生活改善情况,掌握脱贫县的宏观经济背景和社会发展状况,为科学制定巩固拓展脱贫攻坚成果、接续推进乡村振兴相关政策提供参考依据,国家统计局根据《中共中央 国务院关于实现巩固拓展脱贫攻坚成果同乡村振兴有效衔接的意见》精神,开展脱贫县农村住户监测调查。

调查范围和对象:调查范围为脱贫县的农村地区。开展调查的省(自治区、直辖市)有 22 个,分别是河北、山西、内蒙古、吉林、黑龙江、安徽、江西、河南、湖北、湖南、广西、海南、重庆、四川、贵州、云南、西藏、陕西、甘肃、青海、宁夏、新疆。

调查对象为调查范围内的县以及抽中行政村、农村住户及住户成员。

调查内容:脱贫县农村住户监测调查内容主要包括居民现金和实物收支情况、住户成员及劳动力从业情况、居民家庭住房和耐用消费品拥有情况、家庭经营和生产投资情况、社区基本情况、县(市)社会经济基本情况等。

调查方法:国家统计局在脱贫县建立抽样调查网点。调查样本的抽选以省为总体,综合采用分层、多阶段、与人口规模大小成比例(PPS)和随机等距抽样相结合的方法抽选村级单位、确定调查小区、抽选样本住户。调查采用日记账和问卷调查相结合的方式采集基础数据。

农民工监测调查简介

为准确反映全国农民工规模、流向、分布等情况，国家统计局 2008 年建立农民工监测调查制度，在农民工输出地开展监测调查。调查范围是全国 31 个省（自治区、直辖市）的农村地域，在 1730 个调查县（区）抽选了 8613 个调查小区作为调查样本。采用入户访问调查的形式，按季度进行调查。

农村住户固定资产投资调查简介

调查目的:为了全面了解农村住户固定资产的投资状况,准确反映农户固定资产的总量、分布与结构,为各级政府制定农村政策提供基础数据,开展农村住户固定资产投资抽样调查。

调查对象和范围:调查对象是居住在村委会的住户。本调查与住户收支与生活状况调查共享调查网点,调查范围是住户收支与生活状况调查所覆盖的样本村及其调查户。

固定资产价值统计标准:根据农村住户固定资产投资的现实情况,本方案中的房屋建筑物、机器设备、工器具等固定资产价值统计标准为 1000 元以上,使用年限为 2 年及以上。

调查内容:农户固定资产原值、农户固定资产投资完成情况、农户建房情况,以及农户固定资产投资的资金来源、投资构成及投资方向等。

调查方法:调查人员到调查村直接访问,并从住户收支与生活状况调查中取得调查户的基础数据。其中,农户投资从住户收支调查资料中取得,农户建房投资在住户收支调查小区所在的村调查所有建房户情况。

调查组织方式:与分省住户收支与生活状况调查相同,国家统计局统一领导本调查,负责制定调查方案,组织调查实施,监督调查过程等。国家统计局各调查总队及其他各级统计调查部门按照调查方案规定,负责具体组织实施现场调查。

数据发布:农村住户固定资产投资抽样调查结果数据按年度发布。全国和分省数据由国家统计局发布。

数据质量控制:农村住户固定资产投资抽样调查实行全过程质量控制。国家统计局规范方案设计,科学抽选样本,认真组织培训,严格流程管理,加强监督检查。同时,各级调查统计部门加强调查基础工作,加强对调查过程的各个环节监督、检查和验收,及时、独立上报数据。

内容提要

《随息居饮食谱》为清·王士雄撰，成书于清·咸丰十一年（1861），是一部著名的营养学专著。全书共一卷，列食物331种，分水饮、谷食 、调和、蔬食、果食、毛羽、鳞介等七类，每类食物多先释名，后阐述其性味、功效、宜忌、单方效方甚或详列制法，比较产地优劣等。论述清晰，重点突出，语言通俗易懂，是研究中医食疗学、养生保健、祛病延年的一本必备参考书。

点校说明

《随息居饮食谱》为清·王士雄著。士雄，字孟英，自号半痴山人、随息子等，晚号梦隐，又号潜斋。浙江海宁人，约生于清嘉庆十三年（1808），卒于光绪十六年（1890）。其曾祖父王学权、祖父王国祥、父王升，三世皆为良医，母俞氏亦深谙医理药性，故家学渊源。奈何“年十四失怙”迫于生计，曾充盐行会计，幸得舅氏俞公“力肩家事”得以潜心学问。尤致力于温热、霍乱诸病之研究，著述颇丰，主要有《温热经纬》《霍乱论》《王氏医案》《归砚录》等，为清后期著名的温病学家。

王氏自述作《饮食谱》乃为“世味深尝，不禁有饮水思源之感”，其友董氏亦称其为“立身、养生之有素者，慨然欲与世共，而谱是书”。故于清咸丰十一年写成并刊刻。该书共一卷，列食物 331 种，分水饮、谷食、调和、蔬食、果食、毛羽、鳞介七类，每类食物多先释名，后阐述其性味、功效、宜忌、单方效方甚或详列制法，比较产地优劣等。论述清晰，重点突出，语言通俗易懂，可为临床借鉴亦可家居收藏。

王氏在编写过程中突出了“重水，倡素食”思想，并多次提到某些救荒食品，如玉蜀黍、青大豆等宜广为种植，表明著者不仅饮食知味且重储备、善教民，另外著者博览群书，征引信手拈来，见于书中的书目有:《内经》《医碥》《本草纲目》《战国策》《三冈识略》《礼记》《正字通》等。王氏在梳理前人所说之际 ，并“每物求其实验，不为前人臆说所惑”，故论述严谨。值得注意的是书中肉食类涉及多种珍稀保护动物，现列性味，仅供了解，不可用作饮食，另有一些看法亦待考证，为保持该书原貌，本次整理未作处理。

本书初刊于清咸丰十一年（1861）。现存版本为同治元年刻本、同治二年刻本、光绪壬辰本、光绪甲辰本以及民国初年的多种石印本、丛书本。本次点校以光绪壬辰本为底本，以广益书局石印《潜斋医书五种》本为主校本，以人卫聂伯纯本为旁校本，《内经》《本草纲目》等为他校本。

本次点校主要按下列方法处理。

一、本书采用简体横排，采用现代标点方法，对原书进行重新句读。

二、凡原书中的繁体字，均改为规范简化字。

三、凡底本中因写刻致误的明显错别字、部分异体字、古今字，均以简化字律齐，不出校。

四、凡底本与校本互异，若显系底本脱误衍倒者，予以勘正，并出校注明据补、据改、据删之版本、书名或理由；若难以判定是非或两义均通者，则出校并存，或酌情表示倾向性意见；若属一般性虚词，或义引、节引他书而无损文义者，或底本不误而显系校本讹误者，一般不予处理；凡底本与校本虽同，但对原书文字仍有疑问者，不妄改，只出校注明疑误、疑衍、疑脱之处，或结合理校判定是非。

五、对个别冷僻字词加以注释，注音采用拼音法。

由于水平有限，疏漏之处在所难免，祈望专家学者示教。

点校者

2001 年 12 月于济南

前　序

呜呼！国以民为本，而民失其教，或以乱天下。人以食为养，而饮食失宜，或以害身命。卫国、卫生，理无二致，故圣人疾与战并慎，而养与教并重也。《中庸》曰：人莫不饮食也，鲜能知味也。夫饮食为日用之常，味即日用之理。勘进一层，善颐生者，必能善教民也，教民极平易，修其孝、悌、忠、信而已。颐生无元妙，节其饮食而已。食而不知其味，已为素餐；若饱食无教，则近于禽兽。余尝曰：子、臣、悌、友，圣人之道学也；孝、悌、忠、信，王者之干城也。圣贤书具在，小子何敢赘焉！惟饮食乃人之大欲所存，易为腹负，故大禹菲饮食，而武侯甘澹泊也。今夏，石米八千，斤蔬四十。茫茫浩劫，呼吁无门。吕君慎盦，知我将为饿殍也。招游梅泾，寓广川之不窥园。无事可为，无路可走，悠悠长夜，枵腹无聊。丐得枯道人秃笔一枝，画饼思梅，纂成此稿，题曰《饮食谱》。质诸知味者，或不贱其养小失大，而有以教我也。

咸丰十一年辛酉秋七月睡乡散人书于随息居

后　序

呜呼！《饮食谱》何为而作耶？盖世味深尝，不禁有饮水思源之感也。窃谓食毛践土，二百余年，岁无奇荒，国无苛政，竟至禽兽食人食，而涂有饿殍，岂非亘古未闻之奇事哉！士雄年十四失怙，赖先慈撸拄门户，而家有七口，厨无宿舂。蒙父执金履思丈念旧怜孤，字余曰孟英，命往金华鹾业，佐司会计。舅氏俞公桂庭，谊笃亲亲，力肩家事，赠余斋名曰“潜”，嘱潜心学问，勿以内顾为忧。乃未十载，金丈、舅氏，相继谢世。余愧无以仰付二公盛意，而潜修英发也。徒以性情疏迈，遇合多奇，同郡周君光远，知我最深。挈舍弟季杰另辟一业，俾资事蓄。而余律身极俭，不善居积，或以痴目之，遂自号半痴。迨周君作古 ，母逝子殇，世景日非，盖无意人间事矣。乙卯冬，携眷回籍，息影穷乡，赁屋而居，堂名归砚，欲遂首丘之志而终老焉。讵上年春，省垣失事，季杰幸缒城归，秋仲渟[①]溪遭难，虽不伤人，而坐食无山，痴将安用。今旅濮院，麸核充饥。我生不辰，兔爰兴叹，华胥学步，神契希夷，因易字曰梦隐，并粗述四十年孤露衷情。以志前路悠悠，皆先 人所留之余地；而后路茫茫，惟有不忘沟壑耳！知味者鲜，且藏稿以俟之。

辛酉八月中旬随息子又题

① 渟（tíng 停）：一指积聚而不流动，一指水深。

目　录

果食类

水　饮　类

天　雨　水

（《战国策》名上池水，陶隐居名半天河，俗名天泉水）

甘凉。养阳分之阴，瀹[1]茗清上焦之热。体轻味淡，煮粥不稠。宿久澄澈者良。

露　水

（立秋后五日白露降，夜来不可露身出户，故曰：白露身不露）

甘凉。润燥，涤暑，除烦。若秋前之露，皆自地升。苏诗：露珠夜上秋禾根是已。云秋禾者，以禾成于秋也。稻头上露，养胃，生津；菖蒲上露，清心，明目；韭叶上露，凉血、止噎。荷花上露，清暑，怡

① 瀹（yuè 岳）：煮，浸。

神。菊花上露，养血，息风，余可类推。

冬　雪　水

甘寒。清热，解毒，杀虫。温疫、热狂、暑暍、霍乱，徐徐频灌，勿药可瘳。淹浸食物，久藏不坏。

溪河湖池水

（海水）

各处清浊不同，非清而色白味淡者不可饮。凡近地无好水，宜饮天泉。或以其水澄清，煮热而藏之，即为好水。

海水　咸浊，蒸取其露，即清淡可饮。

井　泉　水

甘寒。清下焦之热，煮饭补阴中之阳。新汲者良，咸浊勿用。中煤炭毒，灌之即苏。食井中每年五月五日午时，入整块雄黄、整块明矾各斤许，以辟蛇虫阴湿之毒。或加整块朱砂数两，尤妙。食水缸中，宜浸降香一二段，菖蒲根养于水面亦良。水不甚清者，稍以矾澄之，并解水毒。

雨雪之水，皆名天泉。其质最清，其味最淡。杭人呼曰淡水，瀹茗最良，宜煎清肃涤热诸药。惟杭人饮之，故人文秀美，佳于天下。杭人皆瓦屋，以竹木或砖，或铜锡为承溜，周曰承溜，汉曰铜池，宋曰承落，皆檐沟水笕之称也。杭人呼为阁漏。引其水而注诸缸。然必日使人梯而上视，如有鸟恶猫秽之瓦，即以洁瓦易之。再以净帚频为扫除，毋使木叶尘沙之积，则水始洁。若近厨灶[1]之屋，必有煤炱之污，勿取其水也。狂风暴雨，必夹尘砂，亦勿取之。久晴乍雨，亦勿遽取，恐瓦有积垢，濯之未净也。既注之缸，必待其澄，而后挹[2]其清者，藏诸别缸，藏久弥良。凡藏水之缸，宜身长

① 厨灶：原作“厨突”，据广益书局本改。

② 挹（yì义）：舀。

而口小者，上以缶[①]盆罩之，而置于有风无日之所，日晒久则水易耗，而色不白也。置缸之地甃[②]以砖石，或埋入土中一二尺亦可。先慈嗜茗而取水甚严，蓄水甚精。谨详识之，虽他处亦可仿行，以免水土恶劣之病，不但备烹茶煮药之用已。

溪涧之水，发源于山，清甘者良。水如恶劣，其山必崄巇[③]或为砒矾毒药之所产，或为虫蛇猛兽之所居。而人之饮食，首重惟水，乍入其乡者饮之，疾病生焉。生于其地者习之，很戾钟焉。欲筹斡旋补救之策，以期革犷悍之俗，而康济斯民者，惟有广凿井泉，是为亟务。爰采泰西掘井法于下，庶无井之地，悉可仿行焉。

高地作井，未审泉源所在，其求之法有四：

第一气试：当夜水气恒上腾，日出即止。今欲知此地水脉安在，宜掘一地窖，

① 缶（fǒu 否）：一种大肚小口的瓦器。

② 甃（zhòu 昼）：砖砌的井壁。

③ 崄巇：艰险难行。

于天明辨色时，人入窖以目切地，望地面有气如烟，腾腾上出者，水气也。气所出处，水脉在其中。

第二盘试：望气之法，旷野则可。城邑之中，室居之侧，气不可见。宜掘地深三尺，广长任意。用铜锡盘一具，清油微微遍擦之。窖底用木高一二寸以搘，盘偃置之。盘上干草盖之，草上土盖之。越一日开视，盘底有水欲滴者，其下则泉也。

第三缶试：近陶家之处，取瓶缶坯子一具，如前铜盘法用之。水气沁入瓶缶者，其下泉也。无陶之处，以土甓代之，或用羊绒代之。羊绒者，不受湿，得水气必足见也。

第四火试：掘地如前，篝火其底，烟气上升，蜿蜒曲折者，是水气所滞，其下则泉也。烟气直上者否。

凿井之法有五：

第一择地：山麓为上，蒙泉所出，阴阳适宜。园林室屋所在，向阳之地次之，旷野又次之。山腰者居阳则太热，居阴则太寒为下。此论泉水之高下等第耳，然山腰山顶，亦有甘泉，不可泥也。凿井者，察泉水之有无，斟酌避就之。

第二量浅深：井与江湖地脉贯通，其水浅深，尺度不等。今问凿井应深几何？宜度天时旱潦河水所至，酌量加深几何而为之度，去江湖远者不论。不论者，不论浅深，而以及泉为度也。泉愈深则水愈美，虽水土恶劣之乡，深泉必清冽无毒也。

第三避震气：地中之脉，条理相通，有气伏行焉。强而密理，中人者九窍俱塞，迷闷而死。俗谓之犯土者是。凡山乡高亢之地多有之，泽国鲜焉。此地震之所由也，故曰震气。凡凿井遇此，觉有气飒飒侵人，急起避之，俟泄尽，更下凿之。欲候知气尽者，缒灯火下视之，火不灭，是气尽也。

第四察泉脉：凡掘井及泉，视水所从来，而辨其土色。若赤埴土，其水味恶。赤埴，黏土也。中为甓，为瓦者是。若散沙土，水味稍淡。若黑坟土，其水良。黑坟者，其土色黑稍黏也。若沙中带细石子者，虽赤土、黄土皆佳。其水最良。

第五澄水：凡作井底，用木为下，砖次之，石次之，铅为上。既作底，更加细石子厚一二尺，能令水清而味美。

试水美恶，辨水高下，其法有五。凡江河井泉雨雪之水，试法皆同。

第一煮试：取清水置净器煮熟，倾入白瓷器中，候澄清，下有沙土者，此水质浊也。水之良者无滓，又水之良者，以煮物则易熟。

第二日试：清水置白瓷器中，向日下，令日光正射水，视日光中，若有尘埃氤氲如游气者，此水质不净也。水之良者，其澄澈底。

第三味试：水，元气也。元气无味，无味者真水，凡味皆从外合之。故试水以淡为主，味佳者次之，味恶为下。天泉最淡，故烹茶独胜，而煮粥不稠。

第四称试：有各种水，欲辨优劣，以一

器更酌而衡之，轻者为上。

第五纸帛试：用纸或绢帛之类，色莹白者，以水蘸而干之，无痕迹者为上。于文，白水为泉，故水以色白为上。

人可以一日无谷，不可以一日无水，水之于人，顾不重欤！苟知掘井试水之法，则在可饮甘泉，而免疾病。且藉以备旱灾，御兵火，一举而数善存焉。余性喜凿井，而力有未逮，惟冀同志者勉为之。但井栏之口，宜小而多，既免坠溺，仍便引汲也。设无水之地，而万难凿井者，更列水库法于后：

水库法　泰西书云：若天府金城，居高乘险，江湖溪涧，境绝路殊。凿井百寻，盈车戴绠。时逢亢旱，涓滴如珠，或绝徼孤悬，恒须远汲，长围久困，人马乏竭，如此之类，世多有之。临渴为谋，岂可及哉？计惟恒储雨雪之水，可以御穷。而人情狃近，未或先虑，及其已至，坐槁而已。亦有依山掘地，造作池塘，以为旱备。而弥月不雨，已成龟坼，徒伤挹注之易穷，不悟渗漏之实多也。西方诸国，因山为城者，其人积水如积谷。谷防红腐，水防漏渫[①]其为计虑，亦略同之。以故作为水库，率令家有三年之蓄，虽遭大旱，遇强敌，莫我难焉！且土方之水比于地中，陈久之水方于新汲，其蠲烦去疾，益人利物，往往胜之。彼山城之人，遇江河井泉之水，犹鄙不屑尝矣。天泉宿水，远胜山泉，此惟杭人知之。名曰水库者，固之其下，使无受渫也；幂之其上，使无受损也。原注，幂防耗损，亦防不洁，故古人井亦有幂也。四行之性，土为至干，土性干，故胜湿，受水太过，则卑滥而为湿土。甚于火矣。水居地中，风过损焉，日过损焉。夏之日大旱，金石流，土山焦，而水独存乎？妄人谓湿热相合为暑，真是梦呓。故固之，故幂之。水库之事有九：一曰具，具者所以庀其物也。细砂、石灰、乌樟、桐油等物。二曰剂，剂所以为之和也。三曰凿，凿所以为之容

① 渫：污浊。

也。在家、在野，皆可择地而为之，不论方圆，宜下侈[1]上弇[2]为妙。中底以三分之一为坎，渟其垢时，以吸筒吸去之，则年久弥清也。四曰筑，筑所以为之地也。底墙皆须筑实，毋使渗漏。五曰涂，涂所以为之固也。筑坚候至八分干，再以乌樟或细灰涂之。六曰盖，盖所以为之幂也。七曰注，注所以为之积也。以承溜引注也。八曰挹，挹所以为受其用也。九曰修，修所以弥缝其阙也。凡造圹、造窖、造盐地，皆须筑实，毋使渗漏，其事同也。而各处造法，微有不同。若造水库之法，亦可各随其便者。故附载其略于此。智者自能因地制宜。

水仓法　水库或卒难集办，更有水仓一法，较易从事。其法创自乾隆间，杨州余君观德。凡水土恶劣之乡，人烟稠密之地，距河稍远之处，皆可仿行，以备兵火、旱灾、疾病诸患。但置旷地一区，缭以土垣，前设门楹，傍曰水仓，中为大院，置大缸数百，或百十只，脚埋入土尺许，满储以

① 侈：指钟口大，中央小。
② 弇：指下大上小。

水，复置水桶百十只，水龙数具，外镢[①]以锁。设有灾患，开取甚易。若大家、巨刹，凡有空院者，尤易仿行。为己为人，公私两益，故附载之。

煎药用水歌

何西池《医碥》云：急流迅速堪通便，宣吐回澜水即逆流水最宜。百沸气腾能取汗，甘澜劳水流水杓杨万遍，名甘澜水，亦名劳水。意同之。黄齑水吐痰和食，霍乱阴阳水百沸天泉与新汲井水各半也。可医。治疟亦妙。新汲无根皆取井，除烦去热补阴施。地浆解毒兼清暑，亦和中补土。腊雪寒冰疗疫奇。更有轻灵气化水，如蒸露法蒸水，以管接取用之，一名气汗水，亦名水露。虽海水，但蒸取其露，即清淡可饮，以咸浊不能上升也。奇功千古少人知。善调升降充津液，滋水清金更益脾。肺热而肾涸，清金则津液下泽，此气化为水，天气下为雨也。肾涸而肺热，滋阴则津液上腾，此水化为气，地气上升为云也。蒸水使水化为气，气复化水，有循环相生之妙。而升降之机，脾为之主，故兼主中枢不运也。

① 镢（jué 决）：安锁的环状物。

乳　汁

甘平。补血，充液，填精，化气生肌，安神益智，长筋骨，利机关，壮胃养脾，聪耳明目。本身气血所化，初生借以长成。强壮小儿，周岁即宜断乳，必以谷食，始可培植后天。造物之功，不容穿凿。故大人饮乳，仅能得其滋阴养血，助液濡枯，补胃充肌而已。设脾弱气虚，膏粱湿盛者饮之，反有滑泻酿痰，减餐痞闷之虞。且乳无定性，乳母须择肌肤丰白，情性柔和，别无暗疾，不食荤浊厚味者，其乳汁必酿白甘香。否则清稀腥浊，徒增儿病也。牛、马、蛇毒饮人乳解之。

牛　乳

甘平。功同人乳，而无饮食之毒、七情之火。善治血枯便燥，反胃噎膈，老年火盛者宜之。

水牛乳良。小儿失乳者，牛、羊乳皆

可代也。

马　乳

甘凉。功同牛乳，而性凉不腻，故补血润燥之外，善清胆胃之热，疗咽喉口齿诸病，利头目，止消渴，专治青腿牙疳。白马者尤胜。

羊　乳

甘平。功同牛乳，专治蜘蛛咬毒。白羚羊者胜。

酪 酥 醍 醐

牛、马、羊乳所造。酪上一层凝者为酥；酥上如油者为醍醐。并甘凉润燥，充液滋阴，止渴耐饥，养营清热。中虚湿盛者均忌之。

茶

微苦微甘而凉。清心神，醒睡除烦；凉肝胆，涤热消痰；肃肺胃，明目解渴，不渴者勿饮。以春采色青、炒焙得法、收藏不泄气者良。色红者已经蒸盦，失其清涤之性，不能解渴，易成停饮也。普洱产者，味重力峻，善吐风痰，消肉食。凡暑秽痧气、腹痛、干霍乱、痢疾等证初起，饮之辄愈。

诸　露

凡谷、菜、果、蓏[①]、草、木、花、叶诸品，具有水性之物，皆取其新鲜及时者，依法入甑，蒸馏得水，名之为露。用得其宜，远胜诸药，何者？诸药既干且久，或失本性，譬用陈米作酒，酒力无多。若不堪久藏之物，尤宜蒸露密储。如以诸药煎作汤饮，味固不全，间有因煎失其本性者。惟

---

① 蓏（luǒ）：草本植物的果。

质重味厚，滋补下焦，如地黄、枸杞之类，必须煎汁也。若作丸、散，并其渣滓啖之，殊劳脾运。惟峻厉猛烈之药，宜丸以缓之；冰、麝忌火诸香必丸而进之；五苓、六一等剂，须散以行之。凡人饮食，盖有三化：一曰火化，烹煮熟烂；二曰口化，细嚼缓咽；三曰胃化，蒸变传运。二化得力，不劳于胃。故食生冷，大嚼急咽，则胃受伤也。胃化既毕，乃传于脾，传脾之物，悉成乳糜次乃分散，达于周身。其上妙者，化气归筋；其次妙者，化血归脉，用能滋益精髓，长养肌体，调和营卫。所云妙者，饮食之精华也，故能宣越流通，无处不到。所存糟粕，乃下于大肠。今世滋补丸剂，皆干药合成，精华已耗，又须受变于胃，传送于脾，所沁入宣布，能有几何？不过徒劳脾胃，悉成糟粕，下坠而已。朝吞暮饵，抑何愚耶！

汪谢城曰：诸露生津解热，诚为妙品。但肆中贪多，而蒸之过久，以致味薄，或羼他物以取香，如枇杷叶露，亦羼香物，正与嗽证相反，故必以自蒸为佳。又中有饮湿者，诸露非所宜。

酒

大寒凝海而不冰，其性热也。甘苦辛酸，皆不是，其味异也。合欢成礼，祭祀宴宾，皆所必需。壮胆辟寒，和血养气，老人所宜。行药势，剂诸肴，杀鸟兽，鳞介诸腥。陈久者良。

多饮必病，故子弟幼时，总不令饮酒，到大来不戒而自不饮矣。凡民日食不过一升，而寻常之量，辄饮斗酒，是一人之饮，足供数人之食。至于盛肴馔，多朋从，其费又不可胜计也。酒之为物，勤俭多妨，故禁酒可以使民富。贞洁之人，以酒乱性；力学之人，以酒废业；盗贼之徒，以酒结伙；刚暴之徒，以酒行凶。凡世间败德损行之事，无不由于酒者。此书之所以作酒诰，汉时所以三人群饮，罚金四两也。

酒之为物，志气两昏，故禁酒可以兴民教。富之、教之、诚富民、防民之善术。今蕞尔小邑，岁费造酒之米，必以万石计，不但米价日昂，径至酿成大祸，此其一端也，可不鉴哉！

解酒毒，大醉不醒。枳椇子煎浓汁灌；人乳和热黄酒服。外以生熟汤浸其身，则汤化为酒，而人醒矣。

酒　　酿

甘温。补气，养血，助运化，充痘浆，多饮亦助湿热，冬制者耐久藏。

烧　　酒

（一名汗酒）

性烈火热，遇火即燃。消冷积，御风寒，辟阴湿之邪，解鱼腥之气。阴虚火体，切勿沾唇。孕妇饮之，能消胎气。汾州造者最胜。

凡大雨淋身及多行湿路，或久浸水

中，皆宜饮此，寒湿自解。如陡患泄泻，而小溲清者，亦寒湿病也，饮之即愈。

风寒入脑，久患头痛，及饮停寒积，脘腹久疼，或寒湿久痹，四肢酸痛，诸药不效者，以滴花烧酒，频摩患处自愈。若三伏时，将酒晒热，贴患处，效更捷。素患冻疮者，亦于三伏时，晒酒涂患处，至冬不作矣。

霍乱转筋而肢冷者，以烧酒摩拓患处效。

解烧酒毒，芦菔汁、青蔗浆，随灌。绿豆研水灌，或以枳椇子煎浓汤灌。大醉不醒，急以热豆腐遍体贴之，冷即易，以醒为度。外用井水浸其发，并用故帛浸湿，贴于胸膈，仍细细灌之，至苏为度。凡烧酒醉后吸烟，则酒焰内燃而死。又有醉后内火如焚，而反恶寒者，厚覆衣被，亦能致死。即口渴饮冷，止宜细细饮之，以引毒火外达。若连饮过多，热毒反为骤冷所遏，无由外达，亦多闭伏不救也。

愈风酒方：陈海蛇漂净拭干，晾极燥，十二两　黑大豆　嫩桑枝　松针杵烂，各四两

陈酒七斤，封浸，煮三炷香。

喇嘛酒方：治半身不遂，风痹麻木。

胡桃肉　龙眼肉各四两　杞子　首乌　熟地各一两　白术　当归　川芎　牛膝　杜仲　白芍　豨莶草　茯苓　丹皮各五钱　砂仁　乌药各二钱五分

上十六味，绢袋盛之，入瓷瓶内，浸醇酒五斤，隔水煮浓，候冷，加滴花烧酒十五斤，密封七日饮。

健步酒方：生羊肠一具，洗净晾燥　龙眼肉　沙苑蒺藜隔纸微焙[①]　生苡仁淘净晒燥　仙灵脾以铜刀去边毛　真仙茅各四两

上六味，滴花烧酒二十斤，浸三七日。下部虚寒者宜之，华亭董氏方也，见《三冈识略》。

熙春酒方：生猪板油一斤　甘杞子

① 隔纸微焙：原为"隔纸微"，文理、医理不通，据沙苑蒺藜的一般炮制方法补"焙"。

龙眼肉　女贞子冬至日采，九蒸九晒　直生地洗净晒干　仙灵脾去边毛　生绿豆洗净晒干，各四两

上七味，滴花烧酒二十斤，封浸一月。茹素者去猪油，加耿柿饼一斤可也。

此酒健步驻颜，培养心肾，衰年饮之甚妙。但以猪脂白蜜浸之，名玉液酒。温润补肺，泽肌肤，美毛发，治老年久嗽极效。随息自验。

固春酒方：治风寒湿袭入经络，四肢痹痛不舒，俗呼风气病，不论新火，历治辄效。

鲜嫩桑枝　大豆黄卷或用黑大豆亦可　生苡仁　枢木子即十大功劳红子也，黑者名极木子，亦可用。无则用叶，或用南天竹子亦可。各四两　金银花　五加皮　木瓜　蚕沙各二两　川黄柏　松子仁各一两

上十味，绢袋盛而缝之。以好烧酒十斤，生白蜜四两，共装坛内，将口封固扎紧。水锅内蒸 三炷香取起，放泥地上七日，即可饮矣。每日量饮一二杯。病浅

者，一二斤即愈。

定风酒方：天冬　麦冬　生地　熟地　川芎　五加皮　牛膝　秦艽各五钱　川桂枝三钱

上九味，绢袋盛之。以滴花烧酒二十斤，净白蜜、赤砂糖、陈米醋各一斤，搅匀，浸入瓷坛，豆腐皮封口，压以巨砖，安水锅内，蒸三炷香。坛须宽大，则蒸时酒弗溢出也。取起埋土中七日，此内府方也。

功能补血息风而健筋骨，且制法甚奇，凡患虚风病者，饮之辄愈。而药味平和，衰年频服，极有裨益，并无流弊。

按酒性皆热，而烧酒更烈，韧如羊肠，润如猪脂，并能消化，故不但耗谷麦，亦最损人，尤宜禁之。然治病养老之功，亦不可没。

世传药酒，率以刚燥之品，助其猛烈，方名虽美，而遗患莫知。惟此七方，用药深有精义，洵属可传。但饮贵微醺，不可过恣，始为合法。虚寒衰老之人，寒宵长夜，苦难酣眠达晓，宜制小银瓶，略如鼻烟壶式，口用旋盖，以暖酒灌入，佩于衷衣[①]兜肚之间，酒可彻夜不凉。丁夜[②]醒时，饮而再睡，不烦人力，恬适自如，补益之功甚大。若能此外勿饮，更可引年。凡饮酒，并宜隔汤炖温也。

淡巴菰

辛温。辟雾露秽瘴之气，舒忧思郁愤之怀，杀诸虫，御寒湿。前明军营中始吸食之，渐至遍行天下，不料其为鸦片烟之先兆也，然圣祖最恶之，而昧者犹以熙朝瑞草誉之，谬矣。

卧房卑湿，以乾烟叶厚铺席下良，并可以辟臭虫、蜈蚣、蛇、蝎诸虫也。绞肠痧，烟筒中垢，如豆大一丸，放病人舌下，掬水灌之，垂死可活。蛇咬及诸虫毒螫，

---

① 衷衣：贴身之内衣。

② 丁夜：丁为天干第四位，丁夜即四更，约为夜里两点。

以烟筒中垢涂之。

鸦　片

鸦片入药，亦始前明，李濒湖《本草纲目》收之。国朝乾隆间，始有吸其烟者。初则富贵人吸之，不过自速其败亡；继则贫贱皆吸之，因而失业破家者众，而盗贼满天下。以口腹之欲，致毒流宇内，涂炭生民，洵妖物也，智者远之。亦有因衰病而误坠其中者。以吸之入口，直行清道，顷刻而遍一身，壅者能宣，郁者能舒，陷者能举，脱者能收，凡他药不能治之病，间有一吸而暂效者。人不知其为劫剂，遂诧以为神丹，而因病吸此，尤易成瘾；迨瘾既成，脏气已与相习，嗣后旧疾复作，必较前更剧，而烟亦不能奏效矣。欲罢不能，噬脐[1]莫及，乃致速死。余见实多，敢告世人，毋蹈覆辙。徐松龛曰：天竺自六朝

① 噬脐：比喻后悔不及。如《左传·庄公六年》："著不早图，后君噬脐。"

后，皆称印度。今五印度为英吉利所辖，进出货物，近以鸦片为主。宇宙浮孽之气，乃独钟于佛国，何其怪也！

戒法：断瘾之方，验者其少，且用烟或烟灰者居多，似乎烟可少吸，一不服药，瘾即如故。惟此方日服，仍可吸烟，旬余，瘾自渐减，又不伤身。盖物性相制，此药专制鸦片之毒，故能断瘾，绝无他患也。

方用鲜松毛数斤，略杵，井水熬稀膏，每晨开水化服一二钱；或每土一斤，用松树皮半斤，煎汤熬烟，如常吸食，瘾亦渐断；或以一味甘草熬为膏，调入烟内，初且少入，渐以加多，如常吸之，断瘾极效。

解毒：肥皂或金鱼杵烂，或猪屎水和，绞汁灌之，吐出即愈；甘草煎浓汁，俟凉，频灌；生南瓜捣绞汁频灌；青蔗浆恣饮。

凡吸烟而死，虽身冷气绝，若体未僵硬，宜安放阴处泥地。一经日照，即不可救。撬开牙关，以竹箸横其口中，频频灌以金汁、南瓜汁、甘草膏之类，再以冷水在胸前摩擦，仍将头发解散，浸在冷水盆内，或可渐活。

谷 食 类

籼 米

甘平。宜煮饭食。补中，养气，益血，生津，填髓，充饥，生人至宝。量腹节受，过饱伤人。凡患病不饥，妇人初产，感证新愈，并勿食之。磨粉蒸糕，松而不韧，病人弱体，可作点心。饭露生津，补虚疗膈。

籼种甚多，有早、中、晚三收，赤、白二色，以晚收色白者良。凡不种粳之处，皆呼籼为粳。湖州蒸谷，或炒谷而藏之，作饭甚香。早收者性温，不耐久藏。汪谢城曰：凡八谷，一类之中，必皆有大小早晚黏不黏各种。如稻为一谷，其黏者为糯，不黏者为粳，而粳又糯之别种。呼籼为粳，犹呼穬为大麦，未为大误。吾乡蒸谷、炒谷米，用米少而得饭多，不但取其香也。

郑元庆湖录论之甚详。

秔米

（亦作粳）

甘平。宜煮粥食，功与籼同。籼亦可粥，而秔较稠；粳亦可饭，而籼耐饥。粥饭为世间第一补人之物，强食亦能致病戕生。《易》云：节饮食。《论语》云：食无求饱。尊[①]生者，能绎其义，不必别求他法也。惟患停饮者，不宜啜粥；痧胀霍乱，虽米汤不可入口，以其性补，能闭塞络隧也。故贫人患虚证，以浓米饮[②]代参汤，每收奇绩。若人众之家，大锅煮粥时，俟粥锅滚起沫团，酞滑如膏者，名曰米油，亦曰粥油，撇取淡服，或加炼过食盐少许服亦可，大能补液填精，有裨羸老。至病人、产妇，粥养最宜，以其较籼为柔，而较糯不黏也。亦可磨粉作糕。而嘉兴人不善藏谷，收米

① 尊：广益书局本作“养”字。

② 饮：广益书局本作“汤”字。

入囷，蒸罨变红，名曰冬舂米，精华尽去，糟粕徒存，暴殄天物，莫此为甚。炒米虽香，性燥助火，非中寒便泻者忌之。又有一种香秔米，自然有香，亦名香珠米。煮粥时，稍加入之，香美异常，尤能醒胃。凡煮粥宜用井泉水，则味更佳也。

糯　米

（一名元米，亦名占米）

甘温。补肺气，充胃津，助痘浆，暖水脏。酿酒熬饧，造作饼饵。若煮粥饭，不可频餐，以性太黏滞，难化也。小儿、病人尤当忌之。

冻米冬月所制。性不黏滞，止泻补脾。

炒米香燥助火，多食伤津。脾虚泄泻，糯米炒黄磨粉，加白砂糖调服。虚寒多溺，糯米饭杵为餈。卧时煮熟，细嚼食之。

诸米泔第二次者，清而可用。清热止烦渴。诸禾秆，甘温。煎汁饮，治寒湿发黄，停食腹胀，消牛肉积。作荐御寒，暖于棉絮。按穰籍鞾鞢[1]，暖足去湿。烧灰淋汁，冷服解砒毒。

饴

（稀者为饴，干者为饧，诸米皆可熬，以糯米熬者为胜）

甘温。补中，益气，养血，能助湿热，动火生痰。凡中满、吐逆、疸、疟、膨、便闭、牙痛、水肿、目赤等证，皆忌之。饴，音移，糖类。

鱼脐疔、瘭疽、瘑疮，并用饴糖涂。稻芒、鱼骨鲠喉，及误吞竹、木、钱、钗，中天雄、附子、草乌毒，并宜频食饴糖。解银黝毒，日用饴糖四两，作小丸，不时以麻油吞下，须服过百日外，方无虑。火烧成疮，饧糖烧灰敷。

① 鞾鞢：指靴鞋。

粟　米

（色有青黄，粒有粗细，种类不同，亦名粱，俗呼小米）

功用与籼、秔二米略同，而性较凉，病人食之为宜。糯者亦名秫。汪谢城曰：粱之黏者，固可称秫，而实非治不寐之秫。

黍　米

（此人呼为黄米，以其色黄也，然亦有赤者）

功与籼似，厥性较温。南方所无也。

稷　米

（一名高粱，俗呼芦稷）

甘凉。清胃，补气，养脾。糯者名秫，治阳盛阴虚，夜不得寐，及食鹅鸭成症。凡黍、稷、粟之糯者，皆可酿酒造饧。而南方稷米，但有不黏者耳。汪谢城曰：前人本草，分别多误，惟程氏《九谷考》所辩为是。《本草纲目》以黏不黏分黍稷，是分一谷为二谷也。

小 麦 面

甘温。补虚乏，实皮肤，厚肠胃，强筋力。北产重罗者良。造为挂面，可以致远，病人食之甚宜。南方地卑，麦性黏滞，能助湿热。时感及疟、痢、疳、疸、肿胀、脚气、痞满、痧胀、肝胃痛诸病，并忌之。新麦尤甚。惟单酵水造为蒸饼，较不助病，且可化药。

跌打挫朒[1]，白面同栀子捣匀，水调涂。远行脚研成疱，白面水调涂。大衄血出，飞罗面入盐少许，冷水调服三钱。大便久泻，飞罗面炒熟，每晨加白砂糖，或炒盐调服。

麸

（麦皮也）

凡患身体疼痛及疮疡溃烂沾渍，或小

① 朒：亏缺、不足。

儿暑月出痘，溃烂不能著席者，并用夹褥装麸藉卧，性凉而软，洵妙法也。

面筋麸入水中，洗揉而成。性凉解热，止渴消烦，劳热人宜煮食之。但不易化，须细嚼之。误吞钱者，以面筋放瓦上炙存性，研末，开水调服。在喉者，即吐出；入腹者，从大便下。

麦粉麸洗面筋，澄[1]出之浆，滤干成粉，俗呼小粉。甘凉。可为粢[2]饵、素食、浆衣之用。陈久者炒焦，以醋熬成膏，治一切痈疡汤火伤。

大　麦

（一名麦辫，一名矿麦）

种类不一，方土不同，今人罕食。药肆以造麦芽，金华人以之饲猪，故其肉最佳，而造为兰薰，甲于天下也。汪谢城曰：麦为小麦，牟为大麦，矿麦一名稞麦，则大

① 澄：广益书局本作“沼”。
② 粢：糍饭团。

麦之别种。南方无牟，即呼穬为大麦，实则同类而异种也。大麦须有消肿胀之功。穬麦须亦可用。

荍　　麦

（即荞麦，俗名为乌麦）

甘温。罗面煮食，开胃宽肠，益气力，御风寒，炼滓秽，磨积滞。与芦菔同食良，以性有微毒，而发痼疾，芦菔能制之也。而易长易收，尤为救荒极品，各处皆宜广种为是。另一种味苦者，虽不堪食，亦可济荒。

小儿丹毒、热疮，荍麦面醋调涂。白浊，白带，脾积久泻，休息痢，并宜食此面。痢疾，炒熟荍麦二钱，砂糖汤调下。绞肠痧痛，荞麦炒焦，开水调服。汤火伤，荍麦炒黄，水和敷。

玉蜀黍

（一名玉高粱，俗名苞芦，又名纡粟，又名六谷）

嫩时采得，去苞须煮食，味甚甜美。老则粒坚如石，舂磨为粮，亦为救荒要物。但粗粝性燥，食宜半饱，庶易消化。至东廧，穇子，各种杂粮，及黄精、玉竹之类，并可充饥作食，造酒济荒，兹不备载。

苡米

甘平。健脾，益胃，补肺，缓肝，清热，息风，杀虫，胜湿。故治筋急拘挛，风湿痿痹，水肿，消渴，肺痿吐脓，咳嗽血溢，肺、胃、肠痈，疝气，五淋，干湿脚气，便泻，霍乱，黄疸，蛔虫诸病。并煮汤饮，亦可蒸食，煮粥煮饭，无不宜之。脾约便坚，不宜多食。性专达下，孕妇忌之。

黑 大 豆

甘平。补脾胃，行水，调营，祛风邪，善解诸毒。性滞壅气，小儿不宜多食。服厚朴者忌之，服蓖麻子者，犯之必死。小者名穞豆，品较下，仅堪喂马，故名马料豆。俗谓功胜黑大豆，殊失考也。

辟谷救荒，黑豆淘净，蒸极透，晒干，如是三次、九次更妙。磨细末，柿饼煮烂去蒂、核。与豆末等分，捣丸，鸡子大，每细嚼一丸，津液咽下，勿用汤水，可终日不饥。远行携带甚便，且可任吃诸物，略无所忌。又能滋补脾肾，而治噎食、便泻等病。辟疫稀痘，解诸药毒，黑大豆二合，甘草一钱 煎汁频饮。黑大豆皮，入药止盗汗。大豆黄卷即黑大豆为糵也。治湿痹筋挛膝痛，消水病胀满，非表散药也。

黄 大 豆

甘平。补中解毒，宜煮食，炒食则壅

气。浸罨发芽，摘根为蔬，味最鲜美。肺痈痧气，生嚼不腥，疑似之间，试之甚验。

痘后痈毒，嚼生黄豆涂之，即溃。浸胖，捣涂诸痈疮亦妙。

青大豆

甘平。补肝养胃。嫩时剥而为肴，味极鲜美。盐水煮而烘之，可以久藏致远。诸豆有早、中、晚三收，以晚收粒大者良。并可作腐、造酱、榨油。惟青豆性较软，更为食品所宜，荚阔粒扁者尤佳。

兵荒救饥，豆青黄随用，七斗　芝麻黑白不拘，三斗

并淘净即蒸，蒸过即晒，晒干去壳，再蒸再晒，凡三次，捣极烂[①]，丸胡桃大，每细嚼一丸，津液咽下，可三日不饥。诸无所忌。所费不多，一料可济万人。

① 烂：原作“熟”，据上下文改。

白　豆

豆具五色，功用略同。惟白者夏熟早收，故粒小而性温，能发病也。

赤　豆

甘平。补心脾，行水消肿，化毒排脓。多食耗液，蛇咬者百日内忌之。以紧小而赤黯色者入药，其稍大而鲜红淡红色者，止为食用，故本草以赤小豆名之。后人以广产木本，半红半黑之相思子，亦有红豆之名，遂致误用。亦犹黑大豆，有紧小为雄一言，而昧者讹为马粒豆也。

水肿脚气，赤小豆一斗，煮极烂，取汁五升，温渍足膝。兼食小豆，勿杂食。水鼓腹大，动摇有声，皮肤黑者，赤小豆三升，白茅根一握，水煮食豆，以消为度。乳汁不通，赤小豆煮汁饮，或煮粥食。诸般痈毒，赤小豆生研，入苎麻根杵匀，鸡子清调敷。丹毒如火，赤小豆末，鸡子清稀调涂之。

绿　豆

甘凉。煮食清胆养胃，解暑止渴，润皮肤，消浮肿，利小便，已泻痢，析酲弭疫。浸罨发芽，摘根为蔬，味极清美。生研绞汁服，解一切草木金石诸药、牛马肉毒。或急火煎清汤，冷饮即可。

绿豆皮入药，清风热，去目翳，化斑疹，消肿胀。

绿豆粉，宜作糕饵素馔，食之清积热，解酒食诸毒。新汲水调服，治霍乱转筋，解砒石、野菌、烧酒及诸药毒。暑月痱疮，绿豆粉、滑石和匀扑。打扑损伤，绿豆粉炒紫色，新汲水调敷，以杉木皮缚定。杖疮疼痛，绿豆粉炒研，鸡子清和涂。一切痈肿初起，绿豆粉炒黄黑色，牙皂一两同研，米醋调敷，皮破者油调之。外肾生疮，绿豆粉、蚓粪等分研涂之。

蚕　　豆

（以其熟于蚕时，故名蚕豆，一名佛豆）

甘平。嫩时剥为蔬馔，味极鲜美。老则煮食，可以代粮，炒食可以为肴。性主健脾快胃。浸以发芽，更不壅滞，亦可煮仁作糕饵。肆中磨细，搀入小粉，亦可烫皮搓索，以混绿豆粉。

豌　　豆

（粒圆如珠，《尔雅》名戎菽，管子作荏菽，《本草》名胡豆，《唐史》作毕豆，《辽志》作回回豆，俗呼淮豆，亦曰寒豆）

甘平。煮食和中，生津止渴，下气，通乳消胀。研末涂痈肿，擦面去皯黯[1]。亦可作酱用。

豇　　豆

甘平。嫩时采荚为蔬，可荤可素。老

① 皯黯：即黄褐斑，或称黧黑斑。

则收子充食，宜馅宜糕。颇似肾[1]形，或有微补。

扁　豆

甘平。嫩荚亦可为蔬，子以白者为胜。去皮煮食，补肺开胃，下气止呕，清暑生津，安胎去湿。治带浊时痢，解鱼酒药毒。炒熟则温，健脾止泻。患疟者忌之。

赤白带下，白扁豆为末，米饮下，每服二钱。毒药伤胎，腹痛，口噤，手强[2]，头低，自汗，似乎中风，九死一生，人多不识，若作风治，必死无疑。生白扁豆末，米饮服方寸匕，或浓煎汁亦可。亦解轻粉毒，宜冷饮。霍乱转筋，生白扁豆末，冷水和少入醋服，或以藤叶捣汁服。砒石、诸鸟兽肉毒，生白扁豆末，冷水和服。扁豆花，治痢疾、崩带，解诸药毒。

① 肾：原作"肖"。据文义及校本改。

② 强：广益书局本作"僵"。

刀　豆

嫩荚可酱以为蔬，蜜以为果。子老入药，甘平下气，温中止呃。

薯　蓣

（一名山药）

甘平。煎食补脾肾，调二便，强筋骨，丰肌体，辟雾露，清虚热。既可充粮，亦堪入馔。不劳灌溉，广种为宜。子名零馀子，功用相同。肿胀、气滞诸病均忌。噤口痢，山药半生半炒，研末，米饮下二钱。诸肿毒，山药捣烂涂，即散。

甘　薯

（一名番薯，一名地瓜，亦名山薯）

甘温。煎食补脾胃，益气力，御风寒，益颜色。种类不一，以皮赤、无筋、味纯甘者良。亦可生啖。凡渡海注船者，不论生熟，食少许即安。硗[1]瘠之地，种亦蕃滋，不劳培壅[2]，大可救饥。切而蒸晒，久藏不坏。切碎同米煮粥食，味美益人。

惟性大补，凡时疫、疟、痢、肿胀、便秘等证，皆忌之。

① 硗：指土地坚硬而瘠薄。

② 埴：甲辰本作“壅”。

调　和　类

胡　麻

（一名脂麻，俗名油麻）

甘平。补五内，填髓脑，长肌肉，充胃津，明目，息风，催生，化毒。大便滑泻者勿食。有黑、白二种，白者多脂。相传谓汉时自大宛来，故名胡麻。生熟皆可食，为肴为饵，榨油并良，而不堪作饭。《本草》列为八谷之麻，误矣。古人救饥用火麻，即《本经》之大麻，殆即八谷之麻也。

小儿初生，嚼生脂麻，绵包与咂，最下胎毒，频咂可稀痘。妇人乳少，脂麻炒研，入盐少许食之。此方可作小菜，杭人呼为脂麻盐，余最喜之。且可治口臭，孕妇乳母，尤宜常食，甚益小儿也。腰脚疼痛，新脂麻炒香杵末，日服合许，温酒蜜汤任下，以愈为度。溺血，脂麻杵末，东流水浸一宿，平旦绞汁，煎沸服。头面诸疮，妇人乳疮、阴疮，生脂麻嚼烂敷。谷贼，稻芒阻喉也。脂麻炒研，白汤下。汤火伤，诸虫咬伤，脂麻生研涂。

麻　酱

脂麻炒如法，磨为稀糊，入盐少许，以冷清茶搅之，则渐稠，名对茶麻酱。香能醒胃，润可泽枯。羸老、孕妇、乳媪[①]、婴儿、脏燥、疮家及茹素者，藉以滋濡化毒，不仅为肴中美味也。

脂　麻　油

甘凉。润燥，补液，息风，解毒杀虫，消诸疮肿。烹调肴馔，荤素咸宜。诸油惟此可以生食，故为日用所珍，且与诸病无忌，惟大便滑泻者禁之。凡方书所载香油，即麻油也。久藏泄气，则香味全失，故

① 媪：对老年妇女的尊称或妇女的通称。文中指乳母。

须随制随用。渣亦香甘，可为食料。笋得之，则味美质软，故麻渣不可以壅竹[1]。

漏胎、难产，因血液干涩也。麻油、白蜜各一两，同煎数十沸温服。小儿丹毒、汤火灼伤，生麻油涂浸，并饮之。小儿发热，不拘风寒、饮食，时行痘疹，并宜用之。以葱涎入麻油内，手指蘸油，摩擦小儿五心、头面、项背诸处，辄愈。蛊毒及砒石、河豚毒，多饮生麻油即吐出。肿毒初起，麻油煎葱黑色，趁热通手旋涂，自消。虽大毒初起，若内服一二斤，毒气自不内攻也。瘈犬、毒蛇咬者，亦宜先饮生麻油一二盏良。打扑伤肿，麻油熬熟，和醇酒服。以火烧地令热 。俾卧之，立愈无痕。

茶　油

甘凉。润燥，清热，息风，解毒杀虫，上利头目。烹调肴馔，日用所宜。蒸熟用

---

① 竹：广益书局本作“罨”。意为不可当头掺下。

之，泽发生光。诸油惟此最为轻清，故诸病不忌。燃灯最亮，而不损目。泽发不腻，其渣浣衣去垢，岂他油之浊腻可匹哉！

豆　油

甘辛温。润燥，解毒，杀虫。熬熟可入烹炮，虽谷食之精华，而肥腻已甚。盛京来者，清彻独优。燃灯甚亮。

菜　油

甘辛温。润燥，杀虫，散火丹，消肿毒。熬熟可入烹炮。凡时感、痧胀、目疾、喉证、咳血、疮疡、痧痘、疟疾、产后，并忌之，以有微毒，而能发风动疾也。世俗以其气香而尚之，罔知其弊，以致疾病缠绵而不察。惟外用涂汤火伤，刮痧，调疮药，皆妙。肆中或以花生、苏子等油羼之。

盐

咸凉。补肾，引火下行，润燥祛风，清热渗湿，明目，杀虫，专治脚气。和羹腌物，民食所需。宿久卤尽色白，而味带甘者良。

擦牙固齿，洗目去翳，点蒂钟①坠，敷蛇虫螫，吐干霍乱，熨诸胀痛。

霍乱转筋，盐卤摩拓患处，或以裹足布浸卤束之。并治诸般脚气。无卤用极咸盐汤亦可。凡无病人濯足汤中常加盐卤，永无脚疾。

豉

（俗呼豆豉）

咸平。和胃，解鱼腥毒。不仅为素肴佳味也，金华造者胜。淡豉入药，和中，治湿热诸病。

① 蒂钟：指腭垂。

酱

纯以白面造者，咸甘而平，调馔最胜。豆酱以金华兰溪造者佳，咸平。篘油则豆酱为宜，日晒三伏，晴则夜露。深秋第一篘者胜，名秋油，即母油。调和食味，荤素皆宜。痘痂新脱时食之，则瘢黑。嘉兴造者咸寒，以少日晒之功也，油亦质薄味淡，不耐久藏。

瘈犬咬及汤火伤，未成疮者，以酱涂之。中砒毒，豆酱调水服。胎气上冲，及虚逆呕吐，好酱开水调服，亦解鸦片毒。

醋

酸温。开胃，养肝，强筋，暖骨，醒酒，消食，下气，辟邪，解鱼蟹鳞介诸毒。陈久而味厚气香者良。性主收敛，风寒咳嗽，外感疟、痢，初病皆忌。《续文献》曰：狮子日食醋、酪各一瓶，故俗谓狮吼[1]为“吃

① 狮吼：悍妻怒骂之声。

醋”云。产后血运，热病神昏，惊恐魂飞，客忤中恶，并用铁器烧红，更迭淬醋中，就病人之鼻以熏之。汤火伤，醋淋洗。诸肿毒，醋调大黄末涂。

糟

甘辛温。醒脾消食，调脏腑，除冷气，杀鱼腥毒。以杭绍白糯米所造，不榨酒而极香者胜。拌盐糟藏诸食物，味皆美嫩。惟发风动疾、痧痘、产后、咽喉①、目疾、血证、疮、疟，均忌之。以糟入油料，制为糟油，调馔香美，然，亦发疾，非病人所宜。扑损打伤及蛇虫蜂螫，酒糟罨。

蜜

蜜者，密也。味甘质润，而性主固密，护内，故能补中益气，养液，安神，润肺，和营，杀虫解毒。生者凉，熟者平。以色白

① 咽喉：诸本同，疑误，当为“喉疾”或“喉痹”。

起沙，而作梨花香者为胜。炼法以器盛置重汤中煮一日，候滴水不散为熟蜜。或以蜜一斤，入水四两，放沙石器内，桑柴火慢熬，掠去浮沫，至滴水成珠亦可。但经火炼，其性温也。若果饵肴馔，渍制得宜，味皆甘美，洵神品哉！忌同葱食；痰湿内盛、胀满呕吐者亦忌。以之丸药，须察其宜，颟顸[1]滥用，焉能济事哉？

汤火、热油伤，蜜涂。产后口渴，炼蜜调白汤服。

川　椒

（一名蜀椒，一名巴椒，一名汉椒）

辛热。温中下气，暖肾祛寒，开胃，杀虫，除湿止泻，涤秽舒郁，消食，辟邪。制鱼腥、阴冷诸物毒，辟蝇、蚋[2]、蜈蚣、蚊、蚁等虫。多食动火堕胎，阴虚内热者忌

① 颟（mān）顸（hān）：糊涂，不明事理。

② 蚋：一种昆虫，体形似蝇，刺吸动物和人的血液而传播疾病。

之。闭口者杀人，中其毒者，冷水解之。漆疮作痒，川椒煎汤洗。凡入漆所，嚼川椒涂鼻中，不患漆疮，并辟疫秽邪气。妇人秃鬓，川椒四两酒浸，密室内日日涂之。

花　椒

（本名秦椒，一名檓）

辛温。调中下气，除湿杀虫，止痛行瘀，解鱼腥毒。

胡　椒

辛温。温中除湿，化冷积，止冷痛，祛寒痰，已寒泻，杀一切鱼肉、鳖、蕈、阴冷食毒。色白者胜。多食动火烁液，耗气伤阴，破血堕胎，发疮损目，故孕妇及阴虚内热、血证、痔患，或有咽喉、口齿、目疾者，皆忌之。绿豆能制其毒。

发散寒邪，胡椒、丁香各七粒，碾碎，以葱白杵膏，和涂两手心，合掌握定，夹于大腿内侧，温被取汗。蜈蚣咬，嚼胡椒封。

辣茄

（一名欓，亦名越椒，俗名辣子，亦曰辣椒、辣虎、辣枚子。各处土名不一，其实即古人重九所佩之食茱萸也）

辛苦热。温中燥湿，御风寒，杀腥消食，开血闭，快大肠。种类不一，先青后赤。人多嗜之，往往致疾。阴虚内热，尤宜禁食。

丁香

辛温。暖胃，祛湿，散寒，辟恶，杀虫，消痞，解秽，止冷痢，定冷痛，疗虚哕，补虚阳，制酒肉、鱼蟹、瓜果诸毒。古人噙之奏事，治口臭也。阴虚内热人忌之。

辟秽，丁香一两为末，川椒六十粒，和之，绢囊盛佩。过食蟹、蚌、瓜果致病，丁香末五分，姜汤下。乳头裂破，丁香末敷。并治痈疽恶肉，外以膏药护之。阴冷，母丁香为末，纱裹如指大纳入。反胃，母丁香一两为末，盐梅肉捣丸芡子大，每噙一丸。胃寒吐泻，母丁香、橘红等分研，蜜丸豆大，米汤下一丸。

桂　　皮

辛温。暖胃，下气，和营，燥湿，祛风，杀虫，止痛，制鸟兽、鳞介、瓜果诸毒。血虚内热、温暑时邪诸病均忌。

桂　　花

辛温。辟臭，醒胃，化痰。蒸露、浸酒、盐渍、糖收、造点、作馅，味皆香美悦口。亦可蒸茶油泽发。

松　　花

花上黄粉，及时拂取，和白砂糖作糕饵，食之甚美。亦可酿酒。主养血息风。多食亦能助热。单服治泻痢，随证以汤调。

椿　芽

香椿嫩叶也。甘辛温。祛风，解毒。入馔甚香，亦可瀹热腌焙为脯，耐久藏。多食壅气动风，有宿疾者勿食。

玫　瑰　花

甘辛温。调中，活血，舒郁结，辟秽，和肝。蒸露熏茶，糖收作馅，浸油泽发，烘粉悦颜，酿酒亦佳。可消乳癖。

茉　莉　花

辛甘温。和中下气，辟秽浊，治下痢腹痛。熏茶、蒸露、入药皆宜。珍珠兰更胜。

甜　菊　花

甘凉。清利头目，养血息风，消疔肿。点茶、蒸露、酿酒皆佳。苦者勿用。余如野蔷薇、金银花，功用略同，可类推也。

久患头风，或目疾时作，甘菊花去蒂装枕用。疔肿垂死，甘菊花一握，捣汁饮，冬月取根用。女人阴肿，甘菊花杵烂煎汤，先熏后洗。

薄 荷 叶

辛甘苦温。散风热，清利头目、咽喉、口齿诸病，和中下气，消食化痰，开音声，舒郁懑，辟秽恶邪气，疗霍乱痧疮。酿酒、蒸糕、熬糖、造露均妙。惟虚弱多汗者忌之。

鼻衄，薄荷叶塞。血痢，薄荷叶煎服。蛇、蜂、猫伤，薄荷叶绞汁涂。

汪谢城曰：薄荷多服，耗散真气，致生百病。余尝亲受其累，不可不知！如浸火酒，拌水烟，人多嗜之，实阴受其害而不觉耳！

紫苏叶

辛甘温。下气，安胎，活血定痛，和中开胃，止嗽消痰，化食，散风寒。治霍乱脚气，制一切鱼、肉、虾、蟹毒。气弱多汗，脾虚易泻者忌食。

干霍乱，紫苏煎服，并治蛇咬及中蟹毒。乳痈肿痛，紫苏汤频饮，渣滓封患处。金疮、跌打出血，紫苏杵烂敷，并治瘈犬咬。

茴香

辛甘温。调中开胃，止痛散寒。治霍乱，蛇伤，癞疝，脚气。杀虫，辟秽。肴馔所宜，制鱼肉腥燥、冷滞诸毒。小便频数，而色清不渴者，茴香淘净，盐炒研末，炙糯米糕蘸食。

莳萝

（一名小茴）

辛甘温。开胃健脾、散寒止痛，杀虫，消食，调气止呕。定腰、齿之疼，解鱼、肉之毒。

蔬食类

葱

辛甘平。利肺通阳，散痈肿，祛风达表，安胎止痛，通乳和营。主霍乱转筋，奔豚脚气。调二便，杀诸虫，理跌扑金疮，制鱼肉诸毒。四季不凋，味辛带甘而不臭者良。气虚易汗者不可单食，又忌同蜜食。

胎动下血，葱白煎浓汁饮，未死即安，已死即下，未效再饮。中恶卒死，急取葱心黄，刺入鼻中，男左女右，入七八寸，血出即愈。并以葱刺入耳中五寸，亦治自缢垂死。小儿无故卒死，以葱白纳入下部及两鼻孔内，气通或嚏即生。小儿盘肠内钓腹痛，以葱汤洗儿腹，仍捣葱贴脐上，良久溺出痛止。小便闭胀，葱白三斤，锉炒，帕包二个，更互熨小腹。阴囊肿痛，煨葱入盐杵烂涂。赤白痢，葱白一握，细切，和米煮粥，日日食之。一切肿毒，葱白杵烂，和蜜涂。并治跌打损伤，金疮挫朒[1]，流注走痛，筋骨痹疼，脑破血流，痈毒初起，均宜厚敷，可取立效。乳痈初起，葱白煎汁饮，并解金银毒。

韭

辛甘温。暖胃补肾，下气调营。主胸腹腰膝诸疼，治噎膈、经、产诸证，理打扑伤损，疗蛇狗虫伤。秋初韭花，亦堪供馔。韭以肥嫩为胜，春初早韭尤佳。多食昏神。目证、疟疾、疮家、痧痘后均忌。

产后血运，切韭安瓶中，沃以热醋，令气入臭中。产后怒哭伤肝，呕青绿水，韭汁入姜汁少许和服。卒然中恶，韭汁置鼻中。漏脯、郁肉、诸食物毒，韭汁灌之。

① 朒：广益书局本作“胸”。

薤

辛温。散结定痛，宽胸止带，安胎活血，治痢。多食发热。忌与韭同食。

奔豚气痛，捣薤汁服。赤白痢、产后痢、小儿疳痢，薤白和米煮粥食。汤火伤，薤白和蜜杵涂。

蒜

（今名小蒜，俗曰夏蒜，相传此为中国之蒜）

辛温。下气，止痛，杀虫。发风损目，病后忌之。

葫

（今名大蒜，汉时自西域来）

生辛热，熟甘温。除寒湿，辟阴邪，下气暖中，消谷化肉，破恶血，攻冷积。治暴泻腹痛，通关格便秘。辟秽解毒，消痞杀虫。外灸痈疽，行水止衄，制腥臊鳞介诸毒。

入药以独子者良。昏目损神，不宜多食。阴虚内热、胎产、痧痘、时病、疮疟、血证、目疾，口、齿、喉、舌诸患，咸忌之。

子、苗皆可盐藏，叶亦可茹，性味相似。

干、湿霍乱转筋，噤口痢，鼻渊，鼻衄不止，并捣蒜贴涌泉穴。水肿、溺闭，大蒜、田螺、车前子等分，杵拥脐中。喉痹肿痛、诸物鲠喉，并以大蒜塞鼻中。阴疽阴毒，以蒜片安疮顶，艾炷灸之。蛇、蝎、蜈蚣咬，杵蒜封之。心腹冷痛、虚寒泻痢，陈年老醋浸大蒜，食数颗。

芸　薹

辛滑甘温。烹食可口。散血消肿，破结通肠。子可榨油，故一名油菜。形似菘而本削，茎狭叶锐，俗呼青菜，以色较深也。发风动气，凡患腰脚口齿诸病，及产后、痧痘、疮家、锢疾、目证、时感，皆忌之。

游风丹毒，妇人乳吹，并以油菜捣敷。兼可煎洗诸疮。

芫荽

（本名胡荽）

辛温。散寒，辟邪解秽，杀虫止痛，下气通肠，杀鱼腥，发痘疹。多食损目，凡病忌之。

子性味略同。

上七品，二氏以为荤菜，谓其损性灵也。

痘疹不达，胡荽二两切碎，以酒二大盏，煎沸沃之。盖定，勿令泄气，候冷去滓，微微含喷，从项背至足令遍，勿噀头面。按《直指方》云：痘疹不快，用此喷之，以辟恶气。床帐上下左右，皆宜挂之，以御天癸淫佚、寒湿诸气，一应秽恶所不可无。然惟儿体虚寒，天时阴冷，喷之故妙。若儿壮实，及春夏晴暖，阳气发越之时，用之助虐，以火益火，胃中热炽，毒血聚蓄,则必变黑陷也。不可不慎!今人治痘疹,不辨证之寒热,时之冷暖,辄用芫荽子入药者,误人多矣。

芥

辛甘而温。御风湿,根味尤美;补元阳,利肺豁痰,和中通窍,腌食更胜。开胃,性平,以冬收细叶无毛,青翠而嫩者良。

一名雪里蕻。晴日刈之,晾至干瘪,洗净,每百斤以燥盐五斤,压实腌之。数日后,松缸一伏时,俾卤得浸渍;如卤少,泡盐汤候冷加入,仍压实。一月后开缸,分装坛瓮,逐坛均以卤灌满浸为法,设卤不敷,仍以冷盐汤加之,紧封坛口,久藏不坏,生熟皆宜,可为常馔。若将腌透之菜,于晴燥时,一日晒极干,密装干洁坛内,陈久愈佳,香能开胃,最益病人。用时切食,荤素皆宜。以之烧肉,虽盛暑不坏。或切碎腌装小坛,毋庸卤浸,但须筑实密封，尤堪藏久。

腌芥卤煮食物，味甚鲜美。若坛盛埋土中，久则清澈如水，为肺痈、喉证神药。春芥发风动气，亦可腌食，病人忌之。

白芥子研末，水调如糊，以纸密封半时，可作食料。辛热爽胃，杀鱼腥、生冷之毒。多食动火，内热者忌之。入药治痰在胁下及皮里膜外者。

菘

（一名白菜，以其茎色白也，亦有带青色者，然本丰茎阔，迥非油菜）

甘平。养胃，解渴生津。荤素皆宜，蔬中美品。种类不一，冬味最佳。腌食晒干，并如上法，诸病不忌。喻氏尝曰：白饭青蔬，养生妙法。肉食者鄙，何可与言？

鲜者滑肠，不可冷食。

黄矮菜

（一名黄芽菜）

甘平。养胃。荤素皆宜，雪后更佳，但宜鲜食。北产更美，味胜珍馐，亦可为菹[1]，诸病不忌。

芜菁

（即蔓菁，一名九英菘，一名诸葛菜。一种根如芦菔者，名大头菜，向产北地，今嘉兴亦种之）

腌食咸甘，下气开胃。析酲消食，荤素皆宜，肥嫩者胜，诸病不忌。

其子入药，明目养肝。

芦菔

（俗名萝卜）

生者辛甘凉，有去皮即不辛者，有皮味亦不辛，生啖胜于梨者特少耳。润肺化痰，祛风涤热。治

① 菹：腌菜。

肺痿吐衄、咳嗽失音，涂打扑、汤火伤，救烟熏欲死、噤口毒痢、二便不通、痰中类风、咽喉诸病。解酒毒、煤毒，并捣汁饮。面毒，一名来服，言来辨之所服也，俗名莱菔。茄子毒。消豆腐积，杀鱼腥气。熟者甘温，下气和中，补脾运食，生津液，御风寒，肥健人，已带浊，泽胎养血，百病皆宜。四季有之，可充粮食。故膳夫经云：贫窭之家，与盐饭偕行，号为三白，不仅为蔬中圣品也。种类甚多，以坚实无筋，皮光肉肥者胜。荤肴素馔，无不宜之。亦可腌晒作脯。

守山粮：用坚实芦菔，不拘白赤。洗净蒸熟，俟半干捣烂，再以糯米舂白，浸透蒸饭，捣如糊，二物等分合杵匀，泥竹壁上，待其自干，愈久愈坚，不蛀不烂。如遇兵荒，凿下掌大一块，可煮成稀粥一大锅，食之耐饥。或做成土坯式砖墙亦可。有心有力者，不可不知之。

反胃噎食、沙石诸淋、噤口痢疾、肠风下血，蜜炙芦菔，细嚼，任意食之。肺痿咳血，芦菔和羊肉或鲫鱼，频煮食。消渴，芦菔煮猪肉频食，或捣汁和米煮粥食亦可。浑身浮肿，及湿热腹胀，出了子芦菔，名地骷髅。煎浓饮。

叶辛苦。瀹过，可鲜茹，可腌食，可晒干久藏。或生菜挂干，俟芦菔罢时洗净，浸去苦味，切碎，和米煮饭，俭乡虽有年亦尔，不仅为救荒之食也。若于立冬日，采而露之，任其雨淋日晒，雪压风吹，至立春前一日，入瓮封藏。如未燥透，收悬屋内，俟极干入瓮。凡一切喉证、时行瘟疫、斑疹、疟、痢、水土不服、饮食停滞、痞满、疳、疸、胀泻、脚气、痧毒诸病，洗净浓煎，服之并效。

子入药，治痰嗽、齁喘、气鼓、头风、溺闭，及误服补剂。

胡 芦 菔

（皮肉皆红，亦名红芦菔，然有皮肉皆黄者）

辛甘温。下气宽肠。气微燥。虽可

充食，别无功用。

羊角菜

苦辛甘温。下气。病人忌食，能动风也。煎汤可洗痔疮，捣罨风湿痹痛。

菠薐

（亦名菠菜）

甘辛温。开胸膈，通肠胃，润燥活血。大便涩滞及患痔人，宜食之。根味尤美，秋种者良。惊蛰后不宜食，病人忌之。

莙菜

（亦名甜菜）

甘苦凉。清火，祛风，杀虫，解毒，涤垢浊，稀痘疮，止带，调经，通淋，治痢。妇人、小儿尤宜食之。老者良。先用清水，煎去苦味，其汤浣衣，最去油垢。然后再煮食之。或云：即古之葵菜也。

苋

甘凉。补气清热，明目滑胎，利大小肠。种类不一，以肥而柔嫩者良。痧胀、滑泻者忌之，尤忌与鳖同食。蛇、蜂、蜈蚣螫，捣苋汁服，渣敷患处。

徐灵胎云：尝见一人头风痛甚，两目皆盲，遍求良医不效，有乡人教用十字路口及人家屋脚边野苋菜煎汤，注壶内塞住壶嘴，以双目就壶熏之，日渐见光，竟得复明。愚按《本草》苋通九窍，其实主清盲明目。而苋字从见，益叹古圣取义之精。

同蒿

（一名蓬蒿，亦呼蒿菜）

甘辛凉。清心养胃，利腑化痰。荤素咸宜。大叶者胜。

芹

甘凉。清胃、涤热、祛风，利口齿、咽喉、头目，治崩带、淋浊、诸黄。

白嫩者良。煮勿太熟。旱芹味逊，性味略同。

荠

甘平。明目，养胃，和肝。治痢，辟虫。病人可食。

姜

辛热。散风寒，温中，去痰湿，止呕，定痛，消胀，杀虫。治阴冷诸疴，杀鸟兽、鳞介、秽恶之毒。可酱渍，可糖腌。

多食、久食，耗液伤营。病非风寒外感、寒湿内蓄，而内热阴虚、目疾、喉患、血证、疮疡，呕泻有火，暑热时疟，热哮火喘，胎产、痧胀，及时病后、痧痘后，均忌之。

闪拗手足、跌打损伤，生姜、葱白杵烂，和面炒热罨。初伏日，以生姜穿线，令女子贴身佩之，年久愈佳，治虚阳欲脱之证甚妙，名女佩姜。

莴　苣

微辛微苦，微寒微毒。通经脉，利二便，析酲，消食，杀虫、蛇毒。可腌为脯，病人忌之。

茎叶性同，姜汁能制其毒。

苦　菜

（本名荼，一名苦苣，亦名苦荬，北人甚珍之）

苦寒。清热，明目，补心，凉血，除黄，杀虫，解暑，疗淋痔，愈疔痈。入馔先瀹去苦味，盛暑以之煨肉犹凝，故脾胃虚寒者忌之。不可共蜜食。或云：蚕妇亦不宜食。

血淋、溺血，苦荬一把，酒水各半煎服。诸疔捣苦荬汁涂，能拔根。或预采青苗阴干，研末，水调敷亦妙。

蒲 公 英

（一名黄花地丁）

甘平。清肺，利膈化痰，散结消痈，养阴，凉血，舒筋，固齿，通乳，益精。嫩可为蔬，老则入药，洵为上品。今人但以治乳患，抑何陋耶？

别有紫花地丁，一名如意草。甘凉。清热，补虚，消痈，凉血，耐饥，益气，为救荒仙草。以生嚼无草气，故可同诸草木叶咀食充饥也。

萱 萼

（干而为菹，名黄花菜，一名金针菜）

甘平。利膈，清热，养心，解忧释忿，醒酒，除黄。荤素宜之，与病无忌。

马　兰

甘辛凉。清血热，析酲解毒，疗痔杀虫。嫩者可茹、可菹、可馅，蔬中佳品，诸病可餐。

蒲　蒻

（即香蒲根，诗云：其蔌维何，维笋及蒲是矣）

甘凉。清热，养血，消痈，明目，利咽喉，坚牙，通二便。其花中蕊屑，名蒲黄，细若金粉。当欲开时，便取之，可密收作果食。入药凉血消瘀，炒黑又专止血，为喉舌诸血证妙品。

按草木嫩时可茹者，在在有之。惟各处好尚不同，名谓不一。因限于篇幅，繁不胜搜。姑谱一二如上，以例其余。

蓴

（亦作莼）

甘凉柔滑。吴越名蔬。下气止呕，逐水治疸。柔嫩者胜。时病忌之。

一切痈疽，莼菜捣敷，未成即消，已成即毒即散。

海　带

咸甘凉。软坚散结，行水化湿。故内而痰饮、带浊、痞胀、疝瘕、水肿、奔豚、黄疸、脚气，外而瘿瘤、瘰疬、痈肿、瘘疮，并能治之。解煤火毒，析酲消食。

荤素咸宜。短细者良。

海藻、昆布，粗不中食，入药功同。

紫　菜

甘凉。和血养心，清烦涤热。治不寐，利咽喉，除脚气、瘿瘤，主时行泻痢，析醒开胃。淡干者良。

石　华

甘咸寒滑。专清上焦客热，久食愈痔，而能发下部虚寒。盛夏煎之，化成胶冻。

寒凝已甚，中虚无火者忌食。

粗者名麒麟菜，性味略同。

海　粉

甘凉。清胆热，去湿，化顽痰，消瘿瘤，愈瘰疬。

发　菜

（本名龙须菜）

与海粉相同，而功逊之。

苔　菜

咸凉。清胆热，消瘰疬、瘿瘤，泄胀，

化痰，治水土不服。

木　耳

甘平。补气，耐饥，活血。治跌扑伤，凡崩淋、血痢、痔患、肠风，常食可疗。色白者胜。煮宜极烂，荤素皆佳。

香　蕈

甘平。开胃，治溲浊不禁。包边圆嫩者佳。俗名香菰。痧痘后、产后、病后忌之，性能动风故也。

蘑　菇

甘凉。味极鲜美，荤素皆宜。开胃，化痰。嫩而无砂者胜。多食发风、动气，诸病人皆忌之。

鲜　蕈

甘寒。开胃，蔬中异味。以寒露时，

松花落地所生者,无毒,最佳。荤素皆宜。病人均忌。或洗净沥干,以麻油或茶油沸过,入秋油浸收,久藏不坏。设莫辨良毒,切勿轻尝。中其毒者,以地浆、金汁解之。

茭　白

(一名菰笋,一名茭笋)

甘寒。清湿热,利二便,解酒毒,已瘢疡,止烦渴、热淋,除鼻皶、目黄。以杭州田种肥大纯白者良。

精滑、便泻者勿食。

茄

(一名落苏)

甘凉。活血,止痛,消痈,杀虫,已疟,故一名草鳖甲。消肿,宽肠。治传尸劳、瘕疝诸病。便滑者忌之。种类不一,以细长深紫,嫩而子少者胜。荤素皆宜,亦可腌晒为脯。

秋后者微毒,病人勿食。

妇人血黄，老茄竹刀切片，阴干为末，温酒下二钱。肠风下血，经霜茄子连蒂烧存性，研，每日空心酒服二钱匕。溃疝、胎疝，双蒂茄，悬房门上，出入视之。茄蔫所患亦蔫，茄干亦干矣。又法，双茄悬门上，每日抱儿视之，二三次钉针于上，十余日消矣。磕伤青肿，老黄茄极大者，切如指厚，新瓦焙研，温酒服二钱七，卧一寝，了无痕迹。热毒疮肿，生茄一枚，割去二分，去瓤二分，似罐子形，合患处，即消。如已出脓，再用取。喉痹，糟茄或酱茄，细嚼咽汁。乳裂，老茄裂开者阴干，烧存性，研，水调涂。

瓠　瓟

（亦作壶卢，俗作葫芦，一名瓠瓜，俗呼蒲芦）

甘凉。清热，行水，通肠。治五淋，消肿胀。其嫩叶亦可茹。故诗云：幡幡瓠叶，采之烹之也。

种类不一，味甘者嫩时皆可食。苦者

名匏瓜，入药用。老则皆可为器。

冬　瓜

（一名白瓜）

甘平。清热，养胃，生津，涤秽，除烦，消痈，行水。治胀满、泻痢、霍乱，解鱼、酒等毒。诸病不忌。荤素咸宜。

惟冷食则滑肠耳！以搭棚所种，瓜不着地，皮色纯青，多毛，味纯甘而不酸者良。

诸般渴、痢，煮冬瓜食之，并饮其汁。亦治水肿，消暑湿。若孕妇常食，泽胎化毒，令儿无病。与芦菔同功。发背，冬瓜截去头，合疮上，瓜烂，截去再合，以愈为度。已溃者合之，亦能渐敛。

练　瓜瓤也。甘平。绞汁服，止消渴，治淋，解热毒。洗面澡身去鼾黯，令人白皙。

子　古方所用瓜子，皆冬瓜子也。甘平。润肺，化痰浊，治肠痈。

皮　甘平。祛风热，治皮肤浮肿、跌扑损伤。

叶　清暑，治疟、痢、泄泻，止渴，疗蜂螫、恶疮。

藤　秋后齐根截断，插瓶中，取汁服。治肺热痰火、内痈诸证良。

丝　瓜

（一名天罗）

甘凉。清热解毒，安胎，行乳，调营，补阳，通络，杀虫，理疝，消肿，化痰。嫩者为肴，宜荤宜素。老者入药，能补能通。化湿除黄，息风止血。

痘疮不快，初出或未出，多者令少，少者令稀。老丝瓜近蒂三寸，连皮烧存性，研，砂糖汤调下。喉痹，丝瓜捣汁灌之。痈疽不敛，丝瓜捣汁频抹。酒痢，或便血腹痛，或肛门患痔，干丝瓜煅存性，研，酒服二钱。兼治乳汁不通、经阻气痛、腰痛、疝痛、酒积、黄疸等病。化痰止嗽，丝瓜煅存性，研末，枣肉丸弹子大，每一丸酒下。风热牙痛，丝瓜一条，以盐擦过，煅存性，研，频擦，兼治腮肿，水调敷。小儿浮肿，丝瓜、灯芯、葱白等分，煎浓汁服，并洗。

叶，嫩时可茹。绞汁服，治痧秽腹痛。性能消暑解毒，挼贴疔肿甚妙。虫癣，清晨采带露丝瓜叶七片，逐片擦七下，忌鸡鱼发物。睾丸偏坠，丝瓜叶煅存性三钱，鸡子壳烧灰二钱，同研，温酒下。汤火伤，捣丝瓜叶敷。

苦　瓜

（一名锦荔枝）

青则苦寒。涤热，明目，清心。可酱可腌，鲜时烧肉，先瀹去苦味，虽盛夏而肉汁能凝，中寒者勿食。熟则色赤，味甘性平，养血滋肝，润脾补肾。

菜　瓜

（一名越瓜，一名梢瓜）

生食甘寒。醒酒涤热。糖腌充果，醯[1]酱为菹，皆可久藏。病目者忌。

黄　瓜

（一名胡瓜，《随园食单》误作王瓜）

生食甘寒。清热利水。可菹可馔，兼蓏蔬之用。而发风动热，天行病后、疳、疟、泻痢、脚气、疮疥、产后、痧痘皆忌之。

喉肿、眼痛，老黄瓜一条，上开一小孔去瓤，入芒硝令满，悬阴处，待硝透出，刮下吹点。杖疮、汤火伤，五月五日，掐黄瓜入瓶内，封，挂檐下，取水扫之。

南　瓜

早收者嫩，可充馔，甘温，耐饥。同羊

① 醯：醋之古称。

肉食，则壅气。晚收者甘凉，补中益气。蒸食味同番薯，既可代粮救荒，亦可和粉作饼饵。蜜渍充果食。凡时病、疳、疟、疸[①]、痢、胀满、脚气、痞闷、产后、痧痘皆忌之。

解鸦片毒，生南瓜捣汁频灌。戒鸦片瘾，宜用南瓜蒸熟多食，永无后患。火药伤人，生南瓜捣敷，并治汤火伤。枪子入肉，南瓜瓤敷之即出。晚收南瓜，浸盐卤中备用，亦良。胎气不固，南瓜蒂煅存性，研，糯米汤下。虚劳内热，秋后将南瓜藤齐根剪断，插瓶内取汁服。

芋

煮熟甘滑利胎，补虚涤垢，可荤可素，亦可充粮。消渴宜餐，胀满勿食。

生嚼治绞肠痧，捣涂痈疡初起。丸服散瘰疬，并奏奇功。煮汁洗腻衣，色白如

① 疸：原作“疽”，据《本草纲目·菜部·南瓜》改。

玉。捣叶罨毒箭，及蛇、虫伤。

笋

（竹萌也）

甘凉。舒郁，降浊升清，开膈消痰。味冠素食。种类不一，以深泥未出土而肉厚色白，味重软糯，纯甘者良。

可入荤肴，亦可盐煮，烘干为腊，久藏致远。出处甚繁，以天目早园为胜。小儿勿食，恐其咀嚼不细，最难克化也。毛竹笋，味尤重，必现掘而肥大极嫩，堕地即碎者佳。荤素皆宜，但能发病，诸病后、产后均忌之。闽人造为漉笋，以货远方，极嫩者胜。煎去劣味，始可入馔。产处州者较优，惟山中盛夏之鞭笋，严寒之冬笋，味虽鲜美，与病无妨。

豆　腐

（一名菽乳）

甘凉。清热，润燥生津，解毒，补中，

宽肠，降浊。处处能造，贫富倏宜，洵素食中广大教主也。亦可入荤馔。冬月冻透者味尤美。以青黄大豆，清泉细磨，生榨取浆，入锅，点成后，嫩而活者胜。其浆煮熟，未点者为腐浆。清肺补胃，润燥化痰。浆面凝结之衣，揭起晾干为腐皮，充饥入馔，最宜老人。点成不压则尤嫩，为腐花，亦曰腐脑。榨干所造者，有千层，亦名百叶。有腐干，皆为常肴，可荤可素。而腐干坚者，甚难消化，小儿及老弱、病后，皆不宜食。芦菔能消其积。由腐干而再造为腐乳，陈久愈佳，最宜病人。其用皂矾者，名青腐乳，亦曰臭腐乳。疳、膨、黄病、便泻者宜之。生榨腐渣，炒食，名雪花菜。熟榨者，仅堪饲猪。

豆腐泔水，浣衣去垢。一味熬成膏，治臁疮甚效。休息久痢，醋煎豆腐食。杖后青肿，切豆腐片贴之，频易，或以烧酒煮贴，色红即易，不红乃已。解盐卤毒，熟豆腐浆灌之。

果 食 类

梅

酸温。生时宜蘸盐食，温胆生津，孕妇多嗜之。以小满前肥脆而不带苦者佳。食梅齿𪘨，嚼胡桃肉解之。多食损齿，生痰助热，凡痰嗽、疳膨、痞积、胀满、外感未清、女子天癸未行，及妇女汛期前后、痧痘后，并忌之。青者盐腌，曝干为白梅，亦可蜜渍糖收法制，以充方物。半黄者烟熏为乌梅，入药及染色用之。极熟者榨汁，晒收为梅酱，古人用以调馔。故书曰：若作和羹，尔惟盐梅也。

喉痹乳蛾　青梅二十枚　盐十二两　腌五日，取梅汁，入明矾三两　桔梗　白芷　防风各三两　牙皂三十条，俱研细末拌汁，和梅入瓶收之，每用一枚噙咽。凡中风痰厥，牙关不开，以此擦之，亦妙。梅核膈气，半黄梅子，每个用盐一两，腌一日夜，晒干。又浸又晒，至水尽乃止。用青钱三个，夹二梅，麻线缚定，通装瓷罐内，封埋土中，百日取出。每用一枚，含之咽汁，入喉立愈。刺在肉中，白梅肉嚼敷，亦治刀箭伤出血。乳痈肿毒，白梅煅存性，研，入轻粉少许，麻油和围，初起、已溃皆可用。诸疮胬肉，乌梅肉烧存性，研敷。久崩、久痢、便血日久，乌梅烧存性，研，米饮下二钱。蛔虫上行，蛔结腹痛，乌梅煎汤饮。指头痛肿，乌梅肉和鱼鲜[①]捣封。

梅花　半开时收藏，或蜜渍，或点茶，或蒸露，或熬粥，均妙。以绿萼、白梅为佳。入药舒肝解郁，清火稀痘。

梅叶　解水毒，洗葛衣，则去霉点而不脆。

① 鲜:广益书局本作“胆”。

杏

甘酸温。须俟熟透食之，润肺生津。以大而甜者胜。多食生痰热、动宿疾。产妇、小儿、病人尤忌之。亦可糖腌蜜渍，收藏致远，以充方物。其核中仁，味苦入药，不堪食。

阴疮烂痛，杏仁烧黑，研膏敷。阴户虫痒，杏仁烧存性，研烂，绵裹纳入。肛蟹痒痛，杏仁杵膏频敷。小儿脐烂成风，杏仁去皮研敷。箭镝在咽，或刀刃在咽膈诸隐处，杵杏仁敷。

杏叶　煎汤，洗眼癖良。

叭　哒　杏

甘凉。润肺，补液濡枯。仁味甘平，补肺润燥，止嗽下气，养胃化痰。阔扁尖弯如鹦哥嘴者良。去衣，或生或炒，亦可作酥酪。

双仁者有毒，勿用。寒湿痰饮、脾虚

肠滑者忌食。

桃

甘酸温。熟透啖之，补心活血，解渴充饥。以晚熟大而甘鲜者胜。多食生热，发痈疮、疟、痢、虫、疳诸患。可作脯，制酱造醋。凡食桃不消，即以桃枭烧灰，白汤下二钱，吐出即愈。别有一种水蜜桃，熟时吸食，味如甘露，生津涤热，洵是仙桃。北产者良，深州最胜；太仓、上海亦产，较逊。

桃枭 桃实在树，经冬不落，正月采收，中实者佳。煎汤服，止盗汗，已痁[1]疟。

桃仁 治产后阴肿，炒，研敷。妇人阴疮。杵烂，绵裹塞。

李

（一名嘉庆子）

甘酸凉。熟透食之，清肝涤热，活血

① 痁：疟疾。

生津。惟槜[①]李为胜，而不能多得。不论何种，以甘鲜无酸苦之味者佳。多食生痰助湿，发疟、痢，脾弱者尤忌之。亦可盐曝、糖收、蜜渍为脯。

柰

南产，实小，名林檎，一名来禽，一名花红。其青时体松不涩者，一名楽果。甘酸温。下气生津，和中止泻。瀹汤代茗，味极清芬，均以大者胜。多食涩脉滞气，发热生痰。

北产，实大，名频婆，俗呼苹果。甘凉轻软，别有色香，润肺悦心，生津开胃，耐饥醒酒，辟谷救荒，洵果中仙品也。

栗

甘平。补肾，益气，厚肠，止泻，耐饥，最利腰脚，解羊肉毒。辟谷济荒，生熟皆佳，点肴并用。嫩时嚼之，作桂花香。老

① 槜：为李子的一种，皮色鲜红，内多浆质。

者风干，则甜而嫩。同橄榄食，风味尤美。以钱塘产者良。凡食均须细嚼，连液吞咽，则有益。若顿食至饱，反壅气伤脾。其外感未去、痞满、疳积、疟、痢、瘰疬、产后、小儿、病人、不饥、便秘者，并忌之。以生极难化，熟最滞气也。

枣

鲜者甘凉。利肠胃，助湿热，多食患胀泻、热渴，最不益人，小儿尤忌。

干者甘温。补脾养胃，滋营充液，润肺安神。食之耐饥，亦可浸酒。取瓤作馅，荤素皆宜。杀乌头、附子、天雄、川椒毒。卧时口含一枚，可解闷香。

以北产大而坚实肉厚者，补力最胜，名胶枣，亦曰黑大枣。

色赤者名红枣，气香味较清醇，开胃养心，醒脾补血，亦以大而坚实者胜。可取瓤和粉，作糕饵。焚之辟邪秽。歉岁均可充粮。义乌所产南枣，功力远逊，仅供食品。徽人所制蜜枣，尤为腻滞。

多食皆能生虫、助热、损齿、生痰。凡小儿、产后，及温热、暑湿诸病前后、黄疸、肿胀、疳积、痰滞，并忌之。

梨

甘凉。润肺，清胃，凉心，涤热息风，化痰已嗽，养阴濡燥，散结通肠，消痈疽，止烦渴，解丹石、烟煤、炙煿、高粱、曲蘖诸毒。治中风不语、痰热、惊狂、温暑等疴。并绞汁服，名天生甘露饮。以皮薄心小，肉细无渣，略无酸味者良，北产尤佳。切开贴汤火伤，止痛不烂。中虚寒泻、乳妇、金疮忌之。新产及病后，须蒸熟食之。与芦菔相间收藏，则不烂。可捣汁熬膏，亦可酱食。

木　瓜

酸平。调气，和胃，养肝，消胀，舒筋，息风，祛湿。蜜渍，酒浸。多食患淋，以酸涩太过也。专治转筋，能健腰脚，故老人宜佩也。

脚气筋挛，以木瓜切片囊盛，日践踏之。霍乱转筋，木瓜一两煎服，仍煎汤浸青布，裹其足。辟臭虫，木瓜片铺席下。反花痔，木瓜末，鲜鱼身上涎，调涂。霉疮结毒，木瓜一味研末，水法丸，日以土茯苓汤下三钱。

柿

鲜柿甘寒。养肺胃之阴，宜于火燥津枯之体。以大而无核，熟透不涩者良。或采青柿，以石灰水浸过，则涩味尽去，削皮啖之，甘脆如梨，名曰绿柿。凡中气虚寒，痰湿内盛，外感风寒，胸腹痞闷，产后，病后，泻痢，疟，疝，痧、痘后皆忌之。不可与蟹同食。

干柿　甘平。健脾补胃，润肺涩肠，止血，充饥，杀疳，疗痔，治反胃，已肠风。老稚咸宜，果中圣品。以北产无核者胜。

惟太柔腴，不堪藏久。柿饼、柿花功用相似，体坚耐久，并可充粮。

反胃、便泻，并以柿饼饭上蒸熟，日日同饭嚼食，能不饮水更妙。凡小儿初食饭时，亦如此嚼喂甚良。产后嗽逆、气乱心烦，柿饼碎切煮汁饮。痰嗽带血，大柿饼饭上蒸熟，每用一枚，批开，掺真青黛一钱，卧时食之，薄荷汤下。痘疮入目，柿饼日日食之。解桐油、银黝毒，多食柿饼。热痢、血淋，柿饼细切，同粳米煮粥食。

柿霜　乃柿之精液，甘凉清肺。治吐血，咯血，劳嗽，上消，咽喉、口舌诸病甚良。

柿蒂　下气，治咳逆、噎哕、气冲、不纳之证。

柿漆　另有一种小柿，虽熟而色不赤，名曰椑柿，亦曰漆柿。须于小暑前，柿未生核时，采而捣烂，其汁如漆，可以染罾[1]、造扇，盖性能却水也。亦可生啖，性

① 罾（zēng 增）：鱼网。

尤冷利。

石　榴

甘酸温涩。解渴,析酲[1]。多食损肺伤齿,助火生痰,最不益人。但供观美而已。皮可染皂。

中虫毒,石榴皮煎浓饮。腿肚生疮,初起如粟,搔之渐开,黄水浸淫,痒痛溃烂,遂致绕胫而成锢疾。酸榴皮煎浓汁,冷定频扫。

花　治吐血。研末吹鼻,止衄血,亦敷金疮出血。以千叶火红者良。

按:诸花忌浇热水,惟此花可以烈日中灌溉,并宜以荤浊热汤浇之则益茂,但勿著咸味耳!正月二十日分枝,则当年即花。物性之难测如此。余幼时见业师王烺中先生,善养此花,而人罕知其法,故附识,以传于世。

① 酲:喝醉了神志不清。

橘

甘平。润肺，析酲，解渴。闽产者名福橘，黄岩所产，皮薄色黄者，名蜜橘。俱无酸味而少核，皆为佳品。然多食生痰聚饮，风寒咳嗽及有痰饮者，勿食。味酸者，恋膈滞肺，尤不益人。并可糖腌作脯，名曰橘饼。以其连皮造成，故甘辛而温，和中开膈，温肺散寒，治嗽化痰，醒酒消食。

橘皮　解鱼蟹毒，化痰下气。治咳逆、呕哕、噫噎、胀闷、霍乱、疳、疟、泻痢、便秘、脚气诸病，皆效。去白者名橘红，陈久愈良。福橘皮为胜，或瀹茗时入一片，亦妙。惟化州无橘，俗尚化州橘红，其色不红，皆柚皮也。

产后溺闭不通，橘红二钱为末，空心温酒下。乳吹，橘皮一两，甘草一钱，水煎服。鱼骨鲠，橘皮常含咽汁。嵌甲痛不能行，橘皮煎浓汤，浸良久，甲肉自离，轻手剪去，以虎骨末敷之。

橘核　治疝气、乳痈。

橘叶　消痈肿，治乳癖。

金　　橘

（《广州志》名夏橘。《上林赋》曰卢橘）

甘温。醒脾，下气，辟秽，化痰，止渴，消食解酲。其美在皮，以黄岩所产，形大而圆，皮肉皆甘，而少核者胜。一名金蛋。亦可糖腌压饼。

橙　　皮

甘辛。利膈，辟恶，化痰，消食，析酲，止呕醒胃，杀鱼蟹毒。可以为葅，可以伴齑，可以为酱，糖制宜馅，蜜制成膏。嗅之则香，咀之则美，洵佳果也。肉不堪食，惟广东产者，可与福橘争胜。

香橙饼

橙皮二斤切片　白砂糖四两　乌梅肉二两

同研烂，入甘草末一两，檀香末五钱，捣成小饼，收，干藏之。每噙口中。生津，舒郁，辟臭，解酲，化浊痰，御岚瘴，调和肝胃，定痛止呕。汤瀹代茶，亦可供客。

柑

甘寒。清热，止渴，析酲。以永嘉所产者，名瓯柑，核少无滓，最胜，京师呼为春橘。多食滑肠，停饮，伤肺，寒中。凡气虚脾弱，风寒为病，产妇、小儿及诸病后忌之。种类甚多，大小不一。海红柑，树小而结实甚大，皮厚肉红，可久藏，俗呼文旦。生枝柑，形不圆，色青肤粗，味微酸，留之枝间，大可耐久，俟味变甘，乃带叶折，故俗名呼蜜罗。

柑皮　辛甘凉。下气，调中，解酒，杀鱼腥气。可以入茗，或去白焙，研末，点汤入盐饮。亦有用汤瀹过，以之煨肉者。

柚

（一名朱栾，一名香栾。俗作香橼者非）

酸寒。辟臭，消食，解酲。多食之弊，

更甚于柑。种类甚繁，大小不一，俗呼大者为香脬，小者为香圆。

柚皮　辛苦而甘。消食，化痰，散愤懑之气，陈久者良。

佛手柑

（《图经》名枸橼，亦名香橼。今人误以柚之小者为香橼，盖失考也）

辛温。下气，醒胃，豁痰，辟恶，解酲，消食，止痛。多食耗气，虚人忌之。金华产者胜，味不可口，而清香袭人。置之案头，可供玩赏。置芋片于蒂，而以湿纸围护，终久不瘪。捣蒜罨其蒂，则香更充溢。浸汁浣葛纻最妙。亦可蜜渍收藏。入药以陈久者良，蒸露尤妙。其花功用略同。

枇杷

甘平。润肺，涤热生津。以大而纯甘、独核者良。多食助湿生痰，脾虚滑泻者忌之。蜜饯、糟收，可以藏久。

叶　毛多质韧，味苦气平，隆冬不凋，盛夏不萎，禀激浊、扬清之性，抱忘炎、耐冷之姿，静而能宣。

凡风温、温热、暑燥诸邪在肺者，皆可藉以保柔金而肃治节，香而不燥。凡湿温、疫疠、秽毒之邪在胃者，皆可用以澄浊气而廓中州。《本草》但言其下气止渴，专治呕、嗽、哕、噫，何其疏耶？宜以夏前采叶，刷毛洗净、切碎，净锅炒燥，入瓶密收，用以代茶常饮，可免时气沾染，真妙法也。亦可蒸露。

山　楂

（亦作查，一名山里果。北产者大，亦名棠球，俗名红果）

酸甘温。醒脾气，消肉食，破瘀血，散结，消胀，解酒，化痰，除痞积，已泻痢。大者去皮核，和糖蜜捣为糕，名楂糕，色味鲜美，可充方物。入药以义乌产者胜。多食耗气、损齿、易饥，空腹及羸弱人，或虚病后，忌之。

痘疹乾黑危困，山楂为末，紫草煎，酒调服一钱，轻者白汤下，即时红活。食肉不消，山楂四两，水煮食，并饮其汁。肠风下血，山楂为末，艾汤调服。恶露不行、腹痛，山楂煎汤，调砂糖服。

杨　梅

甘酸温。宜蘸盐少许食，析酲，止渴，活血，消痰，涤肠胃，除烦懑恶气。盐藏、蜜渍、酒浸、糖收，为脯为干，消食止痢。大而纯甜者胜。多食动血。酸者尤甚，诸病挟热者忌之。

树皮　煎汤洗恶疮疥癣，漱牙痛。澄冷服，解砒毒。研末烧酒调敷，治远近挛缩。烧灰油调，敷汤火伤。

樱　桃

甘热。温中。不宜多食，诸病皆忌，小儿远之，酸者尤甚。青蔗浆能解其热。

银　杏

（一名白果）

生，苦平涩。消毒，杀虫，涤垢，化痰。擦面去皶疱、皯䵳、皴皱，及疥癣、疳䘌、阴虱。熟，甘苦温。暖肺益气，定喘嗽，止带浊，缩小便。多食壅气动风，小儿发惊动疳。中其毒者，昏晕如醉，白果壳或白鲞①头，煎汤解之。食或太多，甚至不救，慎生者不可不知也！

小便频数、肠风下血、赤白带下，并以白果煨熟，去火气，细嚼，米饮下。手足皴裂、下疳阴虱、头面癣疮，并用生白果杵烂，涂擦。针刺入肉、瓷锋嵌脚、水疔暗疔，并将白果肉浸菜油中，年久愈佳，捣敷患处。

---

① 鲞：剖开晾干的鱼。白鳞鱼干为白鲞。

胡　桃

（一名核桃）

甘温。润肺，益肾，利肠，化虚痰，止虚痛，健腰脚，散风寒，助痘浆，已劳喘，通血脉，补产虚，泽肌肤，暖水脏，制铜毒，疗诸痈，杀羊膻，解齿齼。以壳薄、肉厚、味甜者良。宜馅宜肴，果中能品。惟助火生痰，非虚寒者，勿多食也。

风寒感冒，头痛、身热，胡桃肉、葱白、细茶、生姜共杵烂，水煎热服，汗出而瘥。内热者去姜，加白砂糖。小便频数，胡桃肉，卧时嚼之，温酒下。

石淋痛楚，胡桃肉一斤，同细米煮浆粥，日日食之。小肠气痛、便毒初起，并以胡桃肉煅研，温酒下。

背痈、附骨疽，未成脓者，胡桃十个，煨熟去壳，槐花一两同研，热酒调下。疔疮、恶疮，胡桃破开，取肉嚼烂，仍安壳内，合疮上，频换。压扑损伤，胡桃肉杵烂，温酒顿服。

榛

甘平。补气，开胃，耐饥，长力，厚肠，虚人宜食。仁粗大而不油者佳。亦可磨点成腐，与杏仁腐，皆为素馔所珍。

梧桐子

甘平。润肺，清热，治疝，诸病无忌。鲜更清香。

桑椹

甘平。滋肝肾，充血液，止消渴，利关节，解酒毒，祛风湿，聪耳明目，安魂镇魄。可生啖宜微盐拌食，可饮汁，或熬以成膏，或爆干为末。设逢歉岁，可充粮食。久久服之，须发不白。以小满前熟透、色黑而味纯甘者良。

熟桑椹，以布滤取汁，瓷器熬成膏收

之，每日白汤或醇酒调服一匙。老年服之，长精神，健步履，息虚风，靖虚火，兼治水肿胀满、瘰疬结核。

槠　　子

有甜、苦二种。苦者煮炒令熟，味亦带甘。并可食，亦可磨粉充粮，耐饥止泻。气实肠燥者勿食。患酒膈者，苦槠煮熟，细嚼频食，自愈。

橡　　实

（栎树子也。其壳可染皂，故一名皂斗）

苦温。须浸透，去其涩味，蒸煮极熟食之。补脾胃，益气力，止泻耐饥。性似栗槠，可御凶年。杜工部客秦州，尝采以自给，其嫩叶亦可煎饮代茶。痈坚如石，不作脓，橡斗子用醋于青石上磨汁涂，干则易，自平。

荔　　枝

甘温而香。通神益智，填精充液，辟臭止痛，滋心营，养肝血。果中美品，鲜者尤佳，以核小肉厚而纯甜者胜。多食发热、动血、损齿，凡上焦有火者忌之。食之而醉者，即以其壳煎汤，或蜜汤解之。痘疮不发，荔枝肉浸酒饮，并食之，忌生冷。诸疔，荔枝肉、白梅肉各三个，捣饼贴之，根即出。

龙　　眼

（一名桂圆，俗呼圆眼）

甘温。补心气，安志定神；益脾阴，滋营充液。果中圣品，老弱宜之。以核小、肉厚、味纯甘者良。然不易化，宜煎汁饮。外感未清、内有郁火、饮停气滞、胀满不饥诸候均忌。

玉灵膏一名代参膏

自剥好龙眼，盛竹筒式瓷碗内，每肉

一两，入白洋糖一钱，素体多火者，再入西洋参片，如糖之数。碗口幂以丝绵一层，日日于饭锅上蒸之，蒸到百次。凡衰羸、老弱，别无痰火，便滑之病者，每以开水瀹服一匙，大补气血，力胜参芪。产妇临盆服之，尤妙。

核　研末，名骊珠散，敷刀刃、跌打诸伤，立能止血定痛，愈后无瘢。

壳　研细，治汤火伤，焚之辟蛇。

橄　榄

（一名青果）

酸甘平。开胃生津，化痰涤浊，除烦止渴，凉胆息惊，清利咽喉，解鱼、酒、野蕈毒。盐藏药制，功用良多。点茶亦佳。以香嫩[1]多汁者胜。

河豚、鱼鳖诸毒，诸鱼骨鲠，橄榄捣汁，或煎浓汤饮。无橄榄，以核研末，或磨汁服。下疳，橄榄烧存性，研，油调敷，兼

① 嫩（nèn 嫩）：柔嫩。

治耳足冻疮。稀痘,橄榄核常磨浓如糊,频与小儿服之。

榄仁　甘平。润肺,解毒,杀虫,稀痘,制鱼腥,涂唇吻燥痛。小儿及病后,宜以为果饵。

榧

甘温。润肺,止嗽化痰,开胃,杀虫,滑肠,消谷。可生啖,可入素羹。猪脂炒,皮自脱。以细而壳薄者佳。多食助火,热嗽非宜。肠胃诸虫患,每晨食榧肉七枚,以愈为度。

海松子

甘平。润燥,补气充饥,养液息风,耐饥温胃,通肠辟浊,下气香身,最益老人。果中仙品,宜肴宜馅,服食所珍。

槟　榔

苦甘，温涩。下气消痰，辟瘴杀虫，析酲化食。除胀泄满，宣滞破坚，定痛和中，通肠逐水。制肥甘之毒，膏粱家宜之。尖长质较软，色紫而香，俗呼枣儿槟榔者良。且能坚齿，解口气。惟虚弱人及澹泊家忌食。

枳　椇

（一名鸡距子）

甘平。润燥，止渴，除烦，利大小肠，专解酒毒。多食发蛔虫。

无 花 果

甘寒。清热，疗痔，润肠，上利咽喉。中寒忌食。

蒲　　桃

甘平。补气，滋肾液，益肝阴，养胃耐饥，御风寒，强筋骨，通淋逐水，止渴安胎。种类甚多，北产大而多液，味纯甜者良，无核者更胜。可干可酿。枸杞同功。

胎上冲心，蒲桃煎汤饮，无则用藤叶亦可。呕哕、霍乱、溺闭、小肠气痛，并以蒲桃藤叶煎浓汁饮，可淋洗腰脚腿痛。

附种蒲桃法：正月末，取蒲桃嫩枝，长四五尺者，卷为小圈，令紧实。先治地土松而沃之，以肥种之，止留二节在外。候春气透发，众萌竞吐，而土中之节，不能条达，则尽萃于出土之二节，不二年成大棚。其实如枣，且多液也。

落　花　生

（一名长生果）

煮食，甘平。润肺，解毒，化痰。

炒食，甘温。养胃调气，耐饥。

入馔颇佳，榨油甚劣。以肥白香甘者良。有火者但宜煮食。

西　瓜

甘寒。清肺胃，解暑热，除烦止渴，醒酒凉营，疗喉痹、口疮，治火毒、时证。虽霍乱、泻痢，但因暑火为病者，并可绞汁灌之。以极甜而作梨花香者胜。一名天生白虎汤。

多食积寒助湿，每患秋病。中寒多湿、大便滑泄、病后、产后均忌之。食瓜腹胀者，以冬腌干菜瀹汤饮，即消。

瓜瓤　煨猪肉，味美，色佳而不腻。

瓜肉　爆干腌之，亦可酱渍，以作小菜，食之已目赤、口疮。

肉外青皮　以瓷锋刮下，名西瓜翠衣，入药凉惊涤暑。

瓜子　生食化痰涤垢，下气清营。一味浓煎，治吐血、久嗽皆妙。制配橙酊，作馅甚美。带壳炒香佐酒，为雅俗共赏之。

尤大者胜。

甜瓜

甘寒。涤热,利便,除烦,解渴,疗饥,亦治暑痢。种类匪一,以清香甘脆者胜。多食每患疟、痢。凡虚寒多湿,便滑,腹胀,脚气,及产后、病后皆忌之。其子亦可食。

黄疸、鼻息、湿家头痛,并用瓜蒂为末,吹鼻内,口含冷水,俟鼻出黄水愈。

藕

甘平。生食生津,行瘀,止渴除烦,开胃消食,析酲,治霍乱口干,疗产后闷乱。罨金疮,止血定痛,杀射罔[①]鱼蟹诸毒。熟食补虚,养心生血,开胃舒郁,止泻充饥,捣罨冻疮,亦可入馔。果中蜜品,久食休粮。

---

① 射罔:毛茛科植物草乌头汁制成的膏剂,有大毒。

以肥白纯甘者良。

生食宜鲜嫩，煮食宜壮老，用砂锅桑柴缓火煨极烂，入炼白蜜，收干食之，最补心脾。若阴虚肝旺，内热血少，及诸失血证，但日熬浓藕汤饮之，久久自愈，不服他药可也。老藕捣浸澄粉，为产后、病后、衰老、虚劳妙品。但须自制，市物恐掺杂不真也。市中熟藕，多杂秽物，故易糜烂，最不宜食，诸病皆忌。

藕节　入药，功专止血。

藕　实

（即莲子）

鲜者甘平，清心养胃。治噤口痢，生熟皆宜。干者甘温，可生可熟，安神补气，镇逆止呕，固下焦，已崩带、遗精，厚肠胃，愈二便不禁。可磨以和粉作糕，或同米煮为粥饭，健脾益肾，颇著奇勋。以红花所结，肉厚而嫩者良。但性涩滞气，生食须细嚼，熟食须开水泡，剥衣挑心煨极烂。

凡外感前后、疟、疸、疳、痔、气郁痞胀、溺赤便秘、食不远化及新产后，皆忌之。汪谢城曰：陈莲子虽久煮不糜，取莲根新出嫩芽同煮，则烂矣。

薏　莲子心也。苦凉。敛液，止汗，清热，养神，止血，固精，所谓能靖君相火邪也。劳心吐血，莲心七枚，糯米二十一粒为末，酒下。心动精遗，莲心一钱研末，入辰砂一分，淡盐汤下。

莲须　苦涩。治遗精失血。

莲花　贴天疱疮。以一瓣，书人字于上，吞之，可催生。研末酒服方寸匕，治跌打呕血。白者蒸露，清心、涤暑、凉营。千叶小瓣者，鲜服壮阳。

莲房　莲蓬壳也。破血，亦能止血。酒煮服，治胎衣不下。水煎饮，解野蕈毒。

杆　通气舒筋，升津止渴。霜后采者，清热止盗汗，行水愈崩淋。

叶　功用与房略同。其色青，其象震，故能升发胆中清气，以达脾气。凡脾虚气陷，而为便泻不运者，可佐入培中之剂，如荷米煎之类是也。古方荷叶烧饭，即是此义。盖烧饭即煮饭，后人拘泥字面，不解方言，入火烧焦，全失清芳气味矣。凡上焦邪盛，治宜清降者，切不可用。东垣清震汤之谬，章杏云已力辨其非。试察其能治痘疮倒陷，则章氏之言益信。《痘疹论》云：痘疮倒陷，若由风寒外袭，窍闭血凝，渐变黑色，身痛肢厥者，温肌散邪，则气行而痘自起也。用霜后荷叶，贴水紫背者，炙干，白直僵蚕炒去丝，等分为末，每服五分，温酒或芫荽汤调下。盖荷叶能升发阳气，散瘀血，留好血，僵蚕能解结滞之气故也。此药平和易得，而活人甚多，胜于人牙、龙脑多矣。名南金散。

阳水浮肿，败荷叶烧存性，研，每二钱，米饮下，日三。诸般痈肿，荷叶蒂不拘多少，煎汤淋洗，拭干，以飞过寒水石，同腊猪脂涂之，能拔毒止痛。

孕妇伤寒，大热烦渴，恐伤胎气，嫩卷

荷叶焙干五钱，蚌粉减半，共研，每三钱，新汲水入蜜调服，并涂腹上。名罩胎散。

胎动已见黄水，干荷蒂一枚，炙研，每软米淘汁一钟调下。

赤白痢，荷叶煅研，每二钱，糖汤下。

脱肛，贴水荷叶焙研，酒服三钱，并以荷叶盛末坐之。赤游火丹，新生荷叶杵烂，入盐涂。

阴肿痛痒，荷叶、浮萍、蛇床，煎汤日洗。

漆疮，干荷叶煎汤洗。

刀斧伤，荷叶煅，研敷。

遍身风疠，荷叶三十张，石灰一斗，淋汁合煮渍之，半日乃出，数日一作。

芡　实

（一名鸡头）

甘平。补气，益肾，固精，耐饥渴，治二便不禁，强腰膝，止崩淋带浊。必蒸煮极熟，枚齿细咀，使津液流通，始为得法。

鲜者盐水带壳煮，而剥食亦良。干者可为粉作糕，煮粥代粮，亦入药剂，惟能滞气，多食难消。禁忌与莲子同。其茎嫩时可茹，能清虚热。根可煮食，祲岁济饥。叶一张须囫囵者煎汤服，治胞衣不下。

菱芰

鲜者甘凉。析酲，清热。多食损阳助湿，胃寒脾弱人忌之。老者风干，肉反转嫩。熟者甘平，充饥代谷。亦可澄粉，补气厚肠。多食滞气，胸腹痞胀者忌之。芰花向日，菱花向月，故芰暖而菱寒。镜号菱花，谓女人容貌如月也。

凫茈

（即荸脐，一名乌芋，一名地栗）

甘寒。清热，消食，析酲，疗膈，杀疳，化铜，辟蛊，除黄，泄胀，治痢，调崩。以大而皮赤味甜、无渣者良，风干更美。多食每患胀痛，中气虚寒者忌之。煮熟性平，可入肴馔，可御凶年。澄粉点目，去翳如神；味亦甚佳，殊胜他粉。

辟蛊，荸脐晒干为末，每白汤下二钱。蛊家知有此物，即不敢下。

血崩，荸脐一岁一枚，煅存性，研，酒调下。

便血，捣荸脐汁一钟，好酒半钟，空心温服。

赤白痢，午日午时，取完好荸脐，洗净拭干，勿令损破，安瓶内，入好烧酒浸之，黄泥密封收藏。每用二枚细嚼，空心原酒下。

慈　姑

（俗作茨菰，一名白地栗，一名河凫茈）

甘苦寒。用灰汤煮熟去皮食，则不麻涩。入肴加生姜以制其寒。功专破血、通淋、滑胎、利窍。多食发疮、动血、损齿、生风。凡孕妇及瘫、痪、脚气、失血诸病尤忌之。

百　合

甘平。润肺,补胃,清心,定魄,息惊,泽肤,通乳,祛风,涤热,化湿,散痈。治急黄,止虚嗽,杀蛊毒,疗悲哀,辟诸邪,利二便,下平脚气,上理咽喉。以肥大纯白味甘,而作檀香气者良。

或蒸或煮,而淡食之,专治虚火劳嗽,亦可煮粥、煨肉。澄粉食,并补虚羸,不仅充饥也。入药则以山中野生、弥小而味甘者胜。

风寒痰嗽、中寒便滑者勿食。

山　丹

(俗呼红花百合。种类不一,亦有黄花者)

甘苦凉。清营涤暑,润燥通肠。剥去外一层,水浸去苦味,或蒸或煮,加白洋糖食之耐饥。亦可煮粥、澄粉,补力虽逊,似亦益人。忌同上。

按藕粉、百合粉之外,尚有嘉定澄造

之天花粉，阴虚内热及便燥者，服之甚宜。余者只可充平人之食，不可调养病人。最不堪者，徽州之葛根粉，非风寒未解者，皆不可食。

甘　　蔗

甘凉。清热和胃，润肠，解酒，杀蛔，化痰，充液。治瘅疟、暑痢，止热嗽、虚呕，利咽喉，强筋骨，息风，养血，大补脾阴。

榨浆名天生复脉汤。以皮青、围大、节稀、形如竹竿者胜。故一名竹蔗，亦作竿蔗。与榧仁同嚼，则渣软。皮紫者性温，功逊。

蔗　　饴

（蔗汁煎成如饴，色黑，今人呼曰砂糖）

甘温。和中活血，止痛舒筋。越人产后辄服之。然多食助热，生痰，伤营，滞胃。凡内热或血不阻者忌之。

赤砂糖

（出处不一，品色甚多，有青糖、红糖、球糖、绵糖等名）

甘温。暖胃缓肝，散寒活血，舒筋止痛。制鸦片烟。吴人产后，用以行瘀。多食损齿生虫，其弊如上。以上二种，味不带酸苦者佳。

白砂糖

（即白洋糖，亦曰白糖，古名石蜜，此乃竹蔗煎成。坚白如冰者为冰糖，轻白如霜者为糖霜。凡霜一瓷，其中品色亦自不同，故有冰花、上白、次白等名也）

甘平。润肺，和中，缓肝，生液，化痰止嗽，解渴析酲，杀鱼蟹腥，制猪肉毒，辟韭蒜臭，降浊怡神。辛苦潜移，酸寒顿改，调元赞化，燮理功优。冰糖、糖霜，均以最白者为良。多食久食，亦有损齿生虫之弊。痞满呕吐，湿热不清，诸糖并忌。解盐卤毒，糖霜多食。

小儿未能谷食、久疟不瘳，浓煎冰糖

汤服。中虚脘痛、痘不落痂、食鱼蟹而不舒、啖蒜韭而口臭，并以糖霜煎浓汤饮。噤口痢，冰糖五钱，乌梅一个，煎浓频呷。汪谢城：诸糖，时邪、痧疹、霍乱皆大忌。余见误服致危者，不一其人。即夏月产后，用以行瘀，亦宜慎也。

吾叔苦志力学，自垂髫[1]以来，忧勤惕厉，垂四十余年。虽经世变，身超物外，得以随外而息焉、游焉。乃饮水思源，谱是书寓意，故以水始。次谷食，而以胡麻冠于调和，抑盐于油后者，盖土产百物，天之所以养人，不欲官于其事也。次蔬果，而以蔗糖殿者，将及肉食，豫伏制猪肉毒之糖霜于前也。伏读至此，不但经论足以济世，烈且以知叔之晚境如饴，更有甘蔗旁生之兆焉。宗侄承烈拜于沪寓。

① 垂髫：古时小孩的下垂头发，代指童年。

毛　羽　类

豮　猪[1]　肉

（去势曰豮）

甘咸平。补肾液，充胃汁，滋肝阴，润肌肤，利二便，止消渴，起尪[2]羸。以壮嫩花猪，软而易熟，香而不腥臊者良。烹法甚多，惟整块洗净，略抹糖霜，干蒸极烂者，味全力厚，最为补益。古人所谓蒸豚也。吴俗尚蹄肘，乃古之豚肩遗意，但须缓火煨化。嘉苏妇人，不事中馈，而尚市脯，劣厨欲速用硝，不但失饪，亦且暴殄。

多食助湿热，酿痰饮，招外感，昏神智，令人鄙俗。故先王立政，但以为养老之物。圣人云：勿使胜食气。而回回独谓此肉为荤也。末俗贪饕，不甘澹泊，厚味

① 豮（fén）猪：阉割过的猪。

② 尪（wāng）：跛或脊背骨骼弯曲。

腊毒，漫不知省，蔑礼糜财，丧其廉俭。具不得已之苦心者，假神道以设教，创持斋之日期，虽属不经，良有深意。若幼时勿纵其口腹，不但无病，且易成人。至一切外感及哮嗽、疟、痢、痧、痘、霍乱、胀满、脚气、时毒、喉痹、痞满、疔痈诸病，切忌之。其头肉尤忌。产后食肉，亦勿太早。痧、痘、时病后，须过弥月始可食也。新鲜之肉曰腥。《论语》君赐腥是也。方书所云：忌食新鲜之鲜，忌食鱼腥之腥，皆指此言也。医家、病家，往往颟顸不省，故详及之。其未经去势之豭[①]猪肉、娄猪肉，皆不堪食。黄獛猪肉、瘟猪肉，并有毒，虽平人亦忌之。中其毒者，芭蕉根捣汁服。小儿火丹及打伤青肿、破伤风，并用新宰猪肉，乘热片贴，频易。液干难产，津枯血夺，火灼燥渴，干嗽、便秘，并以猪肉煮汤，吹去油饮。

① 豭（jiā）：公猪。

猪　皮

杭人以干肉皮煮熟，刮去油，刨为薄片，暴燥，以充方物，名曰肉酢，久藏不坏。用时以凉开水浸软，麻油盐料拌食甚佳。按：皮即肤也，猪肤甘凉，清虚热，治下利、心烦、咽痛，今医罕用此药矣。若无心烦、咽痛兼证者，是寒滑下利，不宜用此。凡堪病、择药，先须辨此，庶不贻误。

千里脯

冬令极冷之时，取锤净好猪肋肉，每块约二斤余，勿浸水气，晾干后，去其里面浮油及脊骨肚囊，用糖霜擦透其皮，并抹四围肥处，若用盐亦可，然藏久易酵也。悬风多无日之所。至夏煮食，或加盐酱煨，味极香美，且无助湿发风之弊，为病后、产后、虚人食养之珍。

兰　熏

（一名火腿）

甘咸温。补脾开胃，滋肾生津，益气血，充精髓。治虚劳、怔忡，止虚痢、泄泻，健腰脚，愈漏疮。以金华之东阳，冬月造者为胜；浦江、义乌稍逊；他邑不能及也。逾二年，即为陈腿，味甚香美，甲于珍馐，养老补虚，洵为极品。取脚骨上第一刀，俗名腰封。刮垢洗净，整块置盘中，饭锅上干蒸闷透，如是七次，极烂而味全力厚，切食最补。然必上上者，始堪如此蒸食，否则非咸则硬矣。或老年齿落，或病后脾虚少运，则熬汤，撇去油，但饮其汁可也。

外感未清、湿热内恋、积滞未净、胀闷未消者均忌。时病愈后，食此太早，反不生力，或致浮肿者，皆余邪未净故耳！

附腌腿法：十一月内，取壮嫩花猪后腿，花猪之蹄甲必白，捶净取下，勿去蹄甲，勿灌气，勿浸水。用力自爪向上紧捋，有血一股向腿面流出，即拭去。此血不挤出，则夏至必臭。晾一二日待干，将腿面浮油细细剔净，不可伤膜。若膜破，或去蹄甲，则气泄而不能香。每腿十斤，用燥盐五两，盐不燥透，则卤味入腿而带苦。竭力擦透其皮，然后落缸，脚上悬牌，记明日月。缸半预做木板为屉，屉凿数孔，将擦透之腿，平放板屉之上，余盐均洒腿面，腿多则重重叠之，不妨。盐烊为卤，则从屉孔流至缸底，腌腿以此为要诀。盖沾卤则肉霉而必苦也。既腌旬日，将腿翻起，再用盐如初腌之数，逐腿洒匀，再旬日，再翻起，仍用盐如初腌之数，逐腿洒匀，再旬日，至初腌至此匝一月也，将腿起缸，浸溪中半日，刷洗极净，随悬日中晒之，故起缸必须晴日，若雨雪不妨迟待。如水气晒干之后，阴雨则悬当风处，晴霁再晒之，必须水气干尽，皮色皆红，可不晒矣。修圆腿面，入夏起花，以绿色为上，白次之，黄黑为下，并以菜油遍抹之。若生虫有蛀孔，以竹签挑出，菜油灌之，入伏，装入竹箱盛之。苟知此法，但得佳猪，处处可造。常州造腿未得此法。且后腿之外，馀肉皆可按法腌藏，虽补力较逊，而味亦香美，以为夏月及忌新鲜者之用。

噤口痢，腌肉脯煨烂食。中诸肉毒及诸食停滞，恶痢不瘳，并用陈火腿煅存性，研，开水下。按纪文达公云：油腻得灰即解散。故油腻凝滞之病，即以其物烧灰调服，自愈，犹之以灰浣垢耳！余谓尚未尽然，如过食白果、荔枝而醉者，即以其壳煎汤饮之立解。吾杭市脯独香黏味美者，其煮猪肉或羊肉锅中之汤，永不轻弃，但日撇浮油，加盐添水煮之，名曰老汁，故物易化也。即纯用秋油、醇酒，煨鸡、鸭、鹿、豕等肉之卤锅，亦功在老汁，故味美易糜。观此则食物不消，当以本物消之之义，别有至理存焉。

猪　脂

（俗呼板油）

甘凉。润肺，泽槁濡枯，滋液生津，息

风，化毒，杀虫，清热消肿，散痈通腑，除黄，滑胎，长发。以白厚而不腥臊者良。

腊月炼之，瓷器收藏，每油一斤，入糖霜一钱于内，经久不坏，暑月生猪脂，以糖霜腌之，亦可久藏，此物性之相制也。

外感诸病、大便滑泻者均忌。

胞衣不下、小便不通，并以猪脂一两，水一盏，煎数沸服。

小儿蛔病羸瘦，频服猪油。

中诸肝毒，猪油一盏，顿服。

痘疮，便秘四五日，肥猪脂一块，水煮熟，切如豆大与食，自然脏腑滋润，痂亦易落，无损于儿。

乳痈、发背诸肿毒，猪脂切片，冷水浸贴，热即易，以散尽为度。

误吞铁钉，猪脂多食令饱，自然裹出。

猪　脑

性能柔物，可以熟皮。涂诸痈肿及手足皲裂，皆效。多食损人，患筋软、阳痿。

猪　胰

（俗作胰）

甘平。润燥，涤垢，化痰，运食，清胎，泽颜，止嗽。凡妇人子宫脂满不受孕及交合不节，而子宫不净者，皆宜蒸煮为肴，久食，自可受孕。妊妇食之，蠲胎垢，其儿出痘必稀。小儿食之，消积滞，可免疳、黄诸病。且血肉之品，无克伐之虑，虽频食亦无害也。所谓泽颜、止嗽者，非用以作面脂而治肺也，食此则痰垢潜消，无秽浊熏蒸之弊，容颜自泽，则咳嗽自平矣。

猪　肺

甘平。补肺，止虚嗽。治肺痿、咳血、上消诸证。用须灌洗极净，煮熟，尽去筋膜，再煮糜化食，或和米煮粥，或同苡仁米为羹，皆可。猪之脏腑，不过为各病引经之用，平人不必食之。不但肠胃垢秽可憎，而肺多涎沫，心有死血，治净匪易，烹煮亦难。君子不食豢腴。有以夫！

猪　心

甘咸平。补心。治恍惚、惊悸、癫痫、忧恚诸证。皆取其引入心经，以形补形，而药得祛病以外出也，煮极难熟。余病皆忌。

猪　肝

甘苦温。补肝，明目。治诸血病，用为向导。余病均忌，平人勿食。

打伤青肿，炙猪肝贴之。一切痈疽初起，新宰牡猪肝，切如疮大一块，贴之，以布缠定，周时即愈。肝色变黑，狗亦不食。阴痒，炙猪肝纳入，当有虫出。

猪　胆

苦寒。补胆，清热。治热痢，通热淋，杀疳虫，去目翳，敷恶疮，治厥、癫疾。浴婴儿，沐发生光。

小儿初生，猪胆汁入汤浴之，不生疮疥。喉痹，腊月朔，取猪胆不拘大小，五六枚，用黄连、青黛、薄荷、僵蚕、白矾、朴硝各五钱，装入胆内，青纸包了，掘一地窟，深方各一尺，以竹横悬此胆于内，用板盖定，候至立春日取出。待风吹去青纸，胆皮研末密收，每吹少许。赤白痢，腊月猪胆百枚，俱盛黑豆入内，著麝香少许阴干，每月五七粒为末，生姜汤下。疔疮恶毒，腊月猪胆风干，和生葱捣敷。汤火伤，猪胆汁，调黄柏末涂。

猪 腰 子

（猪内肾也）

甘咸平。煮极难熟，俗尚嫩食，实生啖也。腰痛等证，用以引经，殊无补性。或煮三日，俾极熟如泥，以为老人点食，颇可耐饥。诸病皆忌，小儿尤不可食。

痈疽、发背初起，猪腰子一对，同飞面

杵如泥敷。

猪石子

（外肾也）

甘咸温。通肾。治五癃、奔豚、茎痛、阴阳易、小腹急痛、癫痫、惊恐、鬼疰①、蛊毒②诸证。无是病者勿食。

猪脾

（一名联贴③，俗名草鞋底）

甘平。消痞，甚不益人。

猪胃

（俗呼猪肚）

甘温。补胃，益气，充饥，退虚热，杀

① 鬼疰：内科病名。指一些具有传染性的疾病。

② 蛊毒：古病证名，出自《肘后备急方》。指一系列症状复杂、变化不一、病情危重的证候。

③ 貼（tiān）：肥。

劳虫，止带浊、遗精，散癥瘕积聚。肉厚者良。须治洁煨糜，颇有补益。外感未清、胸腹痞胀者，均忌。

胎气不足或屡患半产及娩后虚羸，猪肚煨糜，频食，同火腿煨尤补。中虚久泻，猪肚一枚，入蒜煮糜，杵烂丸梧桐子大，每米饮下三十丸。虚弱遗精，猪肚一枚，入带心连衣红莲子，煮糜，杵丸桐子大，每淡盐汤下三十丸。

猪　肠

甘寒。润肠，止小便数，去下焦风热，疗痢、痔、便血、脱肛。治净煨糜食。外感不清、脾虚滑泻者，均忌。

肠风脏毒、血痢不已、脱肛出血，并以猪大肠入槐花末令满、缚定，以醋煮烂，捣丸梧子大，每二十丸，米饮下。

猪　脬

甘咸凉。炙食，治梦中遗溺。

猪骨髓

甘平。补髓，养阴。治骨蒸劳热、带浊、遗精。宜为衰老之馔。

猪血

咸平。行血杀虫。余病皆忌。

猪蹄爪

甘咸平。填肾精而健腰脚，滋胃液以滑皮肤。长肌肉，可愈漏疡；助血脉，能充乳汁。较肉尤补，煮化易凝。宜忌与肉同。老母猪者胜。

妇人无乳及乳痈、发背初起，并以母猪蹄一双，通草同煮食，并饮其汁。硇砂损阴，猪蹄一只，浮萍三两，煮汁渍之，冷即出，以粉敷之。

猪　乳

甘咸凉。初生小儿饮之，无惊、痫、痘、疹之患。大人饮之，可断酒。

狗　肉

（广南名地羊）

《本草》云：味酸温。中其毒者，杏仁解之。孕妇食之，令子无声。时病后食之必死。道家谓之地厌。

羊　肉

甘温。暖中，补气，滋营，御风寒，生肌健力，利胎产，愈疝，止疼。肥大而嫩，易熟不膻者良，秋冬尤美。与海参、芦菔、笋、栗同煨，皆益人。加胡桃煮则不膻。多食动气生热。不可同南瓜食，令人壅气发病。

时感前后、疟、痢、疳、疸、胀满、癫狂、

哮嗽、霍乱诸病，及痧、痘、疮、疥初愈，均忌。新产后，仅宜饮汁，勿遽食肉。

产后虚羸，腹痛觉冷，自汗，带下，或乳少，或恶露久不已，均用羊肉切治如常，煮糜食之。兼治虚冷劳伤、虚寒久疟。

羊　脂

甘温。润燥。治劳痢，泽肌肤，补胃耐饥，御风寒，疗痿痹，杀虫治癣，利产，舒筋。多食滞湿酿痰。外感不清、痰火内盛者，均忌。

妇人阴脱，赤丹如疥，并煎羊脂涂。发背初起，羊脂切片，冷水浸贴，热即易之。误吞针铁，多食羊脂则自下。

羊　脑

甘温。治风寒入脑，头疼久不愈者良。多食发风、生热。余病皆忌。

羊骨髓

甘温。润五脏，充液，补诸虚，调养营阴，滑利经脉，却风，化毒，填髓，耐饥。衰老相宜，外感咸忌。

羊血

咸平。生饮止诸血，解诸毒，治崩衄及死胎不下、产后血闷欲绝、胎衣不落，并误吞一切金石、草木、蜈蚣、水蛭者，均宜热服，即瘳。熟食但能止血，患肠风、痔血者宜之。

羊脊骨

甘温。补肾，利督，强腰。胫骨磨铜，头骨消铁。

羸老胃弱，羊脊骨一具捶碎，熬取浓汁，煮粥常食。肾虚腰痛，羊脊骨一具捶碎，熬取浓汁，和盐料食。膏淋、虚浊、虚利，羊脊骨煅研末，米饮下二钱。误吞金、银、铜钱，羊胫骨煅研，三钱，米饮下。误吞铁物，羊头骨煅研，调稀粥食。

羊　　肺

甘平。补肺气，治肺痿，止咳嗽，行水通小便，亦治小便频数。病后、产后、虚羸、老弱，皆可以羊之脏腑，煮烂食之。外感未清者均忌。

羊　　心

甘平。补心，舒郁结，释忧恚。治劳心膈痛如神。余先慈苦节抚孤，遂患此证，诸药不应，食此即愈。后屡发，用之辄效，久食竟痊。

羊　　肝

甘凉。补肝明目，清虚热，息内风，杀虫，愈痫，消疳，蠲忿。诸般目疾，并可食之。

羊　胆

苦寒。清胆热，补胆汁。专疗诸般目疾，兼治虫毒疮疡。

目疾，羊胆汁点，或煮熟吞之。代指，以指刺热汤中七度，刺冷水中三度，随以羊胆汁涂之。

羊　腰　子

（羊内肾也）

甘平。补腰肾。治肾虚耳聋，疗癥瘕，止遗溺，健腰膝，理劳伤。

羊　石　子

（羊外肾也）

甘温。功同内肾而更优，治下部虚寒，遗精，淋，带，癥瘕，疝气，房劳内伤，阳痿阴寒，诸般隐疾。并宜煨烂，或熬粥食，亦可入药用，下部火盛者忌之。

羊　脬

甘温。补脬损，摄下焦之气。凡虚人或产后患遗溺者宜之。

羊　胃

（俗名羊肚）

甘温。补胃，益气，生肌，解渴，耐饥，行水，止汗。

羊　肠

甘温。补气，健步，固精，行水，厚肠，便溺有节。故董香光秘传药酒方，以之为君也。捶熟为线，坚韧绝伦，补力之优，于此可见。

牛　肉

章杏云云：牛为稼穑之资，天子无故

不忍宰。祭祀非天神不敢歆，岂可妄杀乎？及观庄子牺牛、耕牛之喻，知古人宰杀者惟牺牛[1]，而耕牛必不杀也。袁存斋云：天生万物，大概以有用于人为贵，律文宰牛、马有禁，宰羊、豕无禁。所以然者，羊、豕无用于人，而牛、马有用于人也。按此二说，皆通儒之论。余家世不食牛，奉祖训而守礼法，非有惑于福利之说，故不谱其性味。中其毒者，杏仁、芦根汁、稻杆煎浓汁，人乳并可解之。

汪谢城曰：牛肉亦有可食者，其祭祀之胙[2]乎，每见不食牛者，以此胙赐与佁[3]，不免亵越。余有一法，以此牛供祭之后，用合霞天胶、黄明胶诸药，不亵神余，又治民病，最为两得。

① 牺牛：毛色纯一的牛。
② 胙（zuò）：祭祀用的肉。
③ 佁：古代地位最低下的仆人。

马　　肉

辛苦冷，有毒。食杏仁或饮芦根汁解之。其肝，食之杀人。

驴　　肉

酸平有毒，动风。反荆芥，犯之杀人。

骡　　肉

辛苦温，有毒。孕妇食之难产。

野　猪　肉

甘平。补五脏，润肌肤。治癫痫、肠风、痔血。禁忌与猪肉同。蹄爪补力更胜。一切痈疽不敛，多年漏疮，煨食即愈。其脂腊月炼过收藏，和酒服，令妇人多乳；服十日后，可给三四儿，素无乳者亦下。亦可涂肿毒、疥癣。

豪猪肉

（一名箭猪）

甘寒，有毒。多膏滑肠。能发风虚，不可多食。

虎肉

酸咸温。作土气，味不佳，宜腌食。补脾胃，益气力，止多唾善呕，辟精魅鬼疟，入山则虎见畏之。其脂治反胃，涂白秃、冻疮、痔疮、狗咬疮。

豹肉

酸温。安五脏，补绝伤，御风寒，辟鬼魅，壮筋骨，强健人。

熊肉

甘温。补虚损，杀劳虫。治风痹，筋骨不仁。有锢疾者，忌食。

其蹯　俗呼熊掌。益气力，御风寒。极难胹[1]，须用石灰沸汤剥净，以酒、醋、水三件，同封固，微火煮一昼夜，大如皮球，白肉红丝，色味艳美。

其背上脂　惟冬月有之，名熊白。功与肉同，味更美。

其胆入药，治疔疽，去翳，息惊，为珍品。

象　肉

甘平。不益人，多食则体重。煮汁饮，通小便。煅灰服，治溺多。和油敷，愈秃疮。

其皮生肌，为疮家收功药。又治金疮不合，涂下疳。并煅灰用。

其牙治风痫、惊悸、内热骨蒸、诸物鲠喉。通小便，疗诸疮、久痔，辟一切邪魅精物，并以生屑调服，外敷针刺诸物入肉。

① 胹（ér 尔）：煮烂。

羚 羊 肉

甘平。治筋骨急强、中风，愈恶疮，免蛇虫伤。

山 羊 肉

（野羊也）

甘热。治冷劳、赤白带下，利产妇，辟岚瘴，理筋骨急强。时病人忌之。其血破瘀生新，疗跌打损伤、筋骨疼痛、吐衄、瘀停诸病。

鹿 肉

甘温。补虚弱，益气力，强筋骨，调血脉，治产后风虚，辟邪。麋肉同功，但宜冬月炙食。诸外感病忌之。

其茸、角、鞭、血皆主温补下元，惟虚寒之体宜之。若阴虚火动者服之，贻误非浅。全鹿丸尤不可信，叶天士尝辟之，不可不知！

中风口眼㖞邪，生鹿肉同生椒捣贴，正即去之。

麃　　肉

甘平。补气，暖胃，耐饥，化湿，祛风，能瘳五痔。痞满气滞者勿食。

獐　　肉

（一名麕）

甘温。祛风，补五脏，长力，悦容颜。按食疗云：八月至十一月食之，味美胜羊；十二月至七月食之，动气。多食发锢疾，患消渴。

狸　　肉

甘平。补中益气。治诸疰，去游风，疗温鬼毒气，皮中如针刺，愈肠风下及血痔瘘如神。狸类甚多，惟南方有白面而尾似牛者，名牛尾狸，亦曰玉面狸。专上树食百果，俗呼果子狸。冬月极肥美，亦可糟食。《内则》[1]：食狸去正脊。若捕而畜之，鼠皆贴服不敢出。别种皆不堪食。

貒　　肉

（一名猪獾）

甘温。补羸瘦，长肌，下气平咳逆。劳热、水胀、久痢，煮食即瘳。野兽中佳品也。

獾　　肉

（一名狗獾）

功与貒相似，兼能杀蛔虫。黄瘦、痞膨，食之自愈。

狼　　肉

咸温。补五脏，御风寒，暖胃厚肠，壮

① 《内则》：《礼记》的篇名。

阳填髓，其脂润燥，治诸恶疮。《内则》：食狼去肠。腹有冷积者最宜，阴虚内热人忌食。狼肥豺瘦，谚云：体瘦如豺。故豺肉不堪食也。《食疗》云：食豺令人瘦。

兔　肉

甘冷。凉血，祛湿，疗疮，解热毒，利大肠。多食损元阳，令人痿黄。冬至后至秋分，食之伤人神气。孕妇及阳虚者尤忌。兔死而眼合者，误食伤人。

水獭肉

甘咸凉。清血热，理骨蒸，下水通经，祛毒风，利大小便。多食消男子阳气。其肝性热，辟蛊杀虫，补产虚，已劳嗽。治传尸鬼疰、鱼骨鲠喉、疟久不瘳、心腹积聚、肠痔下血，寒疝攻疼。其爪搔喉，亦治骨鲠。

猬　肉

（俗名刺鼠）

甘平。下气，杀虫。治反胃、痔漏。按食此必去骨净尽，误食令人瘦劣。

其皮　煅研服，治遗精甚效。

鸡

甘温。补虚，暖胃，强筋骨，续绝伤，活血调经，拓痈疽，止崩带，节小便频数，主娩后虚羸。以骟[①]过、细皮肥大而嫩者胜。肥大雌鸡亦良，若老雌鸡熬浓汁最佳。乌骨鸡滋补功优。多食生热、动风，凡时感前后、痘疹后、疮疡后、疟、痢、疳、疸、肝气、目疾、喉证、脚气、诸风病，皆忌之。未骟者，愈老愈毒，诸病均不可食。惟辟邪宜用丹雄鸡也。

中恶昏愦，丹雄鸡一只，安放病者心间，以鸡头向病人之面，鸡伏而不动，待其

① 骟：割除动物的睾丸。

飞下,病者亦苏。

鸡 冠 血

老雄鸡者力胜。治无故卒死,或寝卧奄忽而绝,皆是中恶,刺取鸡冠血涂面上,干则再涂,并滴入口鼻中。卒缢垂死,心中犹温者,勿断绳,刺鸡冠血滴口中。卒然杵死不能言,刺鸡冠血和真珠末,丸小豆大,纳三丸入口中。小儿卒惊,似有痛处,不知疾状,亦刺血滴口中。鬼击卒死,刺鸡冠血沥口中,令咽,仍破此鸡拓心下,冷乃弃之道旁。女人交接违礼,血出,刺鸡冠血频涂。对口、发背诸毒,刺鸡冠血滴疽上,血尽再换,不过五六鸡,痛止毒散。浸淫疮,不早治杀人,宜刺鸡冠血涂,日四五次。蜈蚣、蜘蛛咬,马咬成疮,燥癣作痒,并刺鸡冠血涂。中蜈蚣毒,舌胀出口者是也,刺鸡冠血浸舌,并咽之。诸虫入耳,鸡冠血滴耳中。

鸡 膍 胵[1]

（一名鸡内金）

治喉痹，鸡内金勿洗，阴干煅末，竹管吹之。一切口疮，鸡内金煅灰敷。鹅口，白鸡内金为末，乳服五分。走马牙疳，鸡内金不落水者五枚，枯矾五钱，其研搽。小儿疣目，鸡内金擦之，自落。小儿疟疾，鸡内金煅存性，乳服，男用雌，女用雄。噤口痢，鸡内金焙研，乳汁服。反胃，鸡内金一具，煅存性研，酒下，男用雌，女用雄。发背初起，鸡内金不落水者阴干，用时温水润开贴之，随干随润，以愈为度。发背已溃，鸡内金同棉絮焙末搽。疮口不合，鸡内金日贴之。阴头疳蚀，鸡内金不落水，拭净，新瓦焙脆出火毒，研细，先以米泔洗净搽之，亦治口疳。谷道生疮，鸡内金烧存性，研末敷。

① 膍（pí）胵（chī）：鸟类的胃。

鸡　　肠

治遗浊、淋带、消渴、遗溺、小便不禁或频数无火者，并可炙食。

鸡　　卵

（一名鸡子，亦曰鸡蛋）

甘平。补血，安胎，镇心，清热，开音，止渴，濡燥，除烦，解毒，息风，润下，止逆。新下者良，并宜打散，以白汤，或米饮，或豆腐浆，搅熟服。若囫囵煮食，性极难熟，虽可果腹，甚不易消。惟带壳略煮之后，将壳击碎，再入瓷罐内，多加粗茶叶，同煨三日，茶汁既入，蛋亦熟透，剥壳食之，色黑而味香美，不甚闭滞也。

多食动风、阻气，诸外感及疟、疸、疳、痞、肿满、肝郁、痰饮、脚气、痘疹，皆不可食。小儿、产妇、气壮者幸食无恙，弱者多因此生疾，不可不知！

解野葛毒，虽已死者，抉开口，灌生鸡

子三枚，须臾吐出。胎动下血，鸡子二枚打散，粥汤搅熟服。

产后血晕，身痉直口，目向上不知人，鸡子清一枚，调荆芥末二钱灌之。

妊娠下血不止，血尽则子死，名曰胎漏，鸡子黄十四枚，以好酒两斤，煮如饧服，未止再服。

凤凰胎，即鸡卵胞，已成雏而未出者，用为伤科长骨之药甚妙。其壳内膜名凤凰衣，煅存性研服，治劳复及小便不通，暨饮停脘痛；外治痘疮入耳、白秃、聤耳、下疳、囊痈，均为妙品。

鹅

甘温。暖胃生津，性与葛根相似。能解铅毒，故造银粉者，月必一食也。鲜美，补虚益气，味较鸡鹜为浓。动风发疮，凡有微恙者，其可尝试乎？肥嫩者佳，烤食尤美。其肫、其掌，性较和平，煨食补虚，宜于病后。其卵补中，滞气更甚于鸡。其血解一切金石毒，热饮即瘥。其毛于铜锅内炒焦，研末，豆腐皮包，酒吞服三钱，能内消诸般肿毒。

鸭

（本名鹜，一名野凫）

甘凉。滋五脏之阴，清虚劳之热，补血行水，养胃生津，止嗽息惊，消螺蛳积。雄而肥大极老者良。同火腿、海参煨食，补力尤胜。多食滞气、滑肠，凡阳虚脾弱、外感未清、痞胀、脚气、便泻、肠风，皆忌之。

其血热饮，救中恶、溺死，及服金银、丹石、砒霜、野葛、鸦片、诸蛊毒，入咽即活。并涂蚯蚓咬疮。

其卵夜下，纯阴性寒，难熟，滞气甚于鸡子，诸病皆不可食。惟腌透者，煮食可口，且能愈泻痢。更有造为皮蛋、糟蛋者，味虽香美，皆非病人所宜。

雉

（一名野鸡）

甘温。补中益气，止泄痢，除蚁瘘。冬月无毒。多食损人、发痔，诸病人忌之。勿与荞麦、胡桃、木耳、菌蕈同食。春、夏、秋皆毒，以其善食虫蚁，而与蛇交也。又诸鸟自死者，皆有毒，勿食。

鹧　鸪

甘温。利五脏，开胃，益心神，解野葛、菌蕈、生金、蛊毒。南方之鸟也，飞必南翔，集必南首，故一名怀南。性属火，多食发脑痛、喉痈。盖天产作阳，本乎天者亲上，飞禽之性无不升发，于鹧鸪何尤？

竹　鸡

甘平。解野鸡、山菌毒，杀腹内诸虫。

鹑

甘平。和胃，消结热，利水，化湿，止疳、痢，除膨胀，愈久泻。

鹖

（一作鸭）

甘平。清热，疗阴𧐐、诸疮。

鹬

（与翡翠同名异物）

甘温。暖胃，补虚。

鸽

甘平。清热，解毒，愈疮，止渴，息风。孕妇忌食。

卵能稀痘，食品珍之。

雀

甘温。壮阳，暖腰膝，缩小便，已崩带。但宜冬月食之。阴虚内热及孕妇忌食。

其卵利经脉，调冲任，治女子血枯、崩带、疝瘕诸病。

燕　窝

甘平。养胃液，滋肺阴，润燥泽枯，生津益血，止虚嗽、虚痢，理虚膈、虚痰。病后诸虚，尤为妙品。力薄性缓，久任斯优。病邪方炽勿投。其根较能下达。

鹪　鹩

（一名巧妇，俗呼黄脰[①]雀）

甘温。暖胃。

① 脰（dòu 豆）：脖子。

斑　鸠

甘平。养老和中，令人不噎。

鸤　鸠

（即布谷鸟）

甘温。定志安神，令人少睡。

桑　鳸

（一名蜡嘴雀）

甘温。补胃。

莺

（《诗》云黄鸟，《左传》曰青鸟，《尔雅》名商庚，《说文》谓黄鹂，《月令》作仓庚）

甘温。舒郁和肝，令人不妒。

鴷

（啄木鸟也）

甘平。开膈，利噎，平惊，追劳虫，已痔漏。牙疳、齿䘌，煅末塞之。

鸨

甘平。补虚，已风痹病。

凫

（野鸭也）

甘凉。补脾肾，祛风湿，行水消肿，杀虫，清热，开胃运食。疗诸疮、痫。病后虚人，食之有益。肥而其喙如鸭者良，冬月为胜。

䴙　䴘

（一名刁鸭，一名油鸭）

甘平。补中开胃。

雁

甘平。解毒祛风。多食动气。君子勿食,以其知阴阳之升降、少长之有序也。道家谓之天厌。

鹄

(一名天鹅)

甘平。腌炙食之,利脏腑。

鹭

(即鹭鸶)

咸凉。炙熟食,解鱼虾毒。其卵似鸭卵,稍锐而色较青,土人混入鸭卵中售之。气腥而冷,更不宜人。

鸮

(亦作枭,俗呼猫头鸟)

甘温。补虚劳,杀虫,辟鬼魅,开胃消

食，利噎，平惊。治痁疟、癫痫，愈恶疮、鼠瘘。炙食味美，古人所珍，庄子见弹而求鸮炙是也。病后及衰弱、痨瘵人最宜，惟孕妇忌之。

鳞　介　类　附蚕蛹、皇螽

鲤　鱼

甘温。下气，功专行水，通乳，利小便，涤饮，止咳嗽。治妊娠子肿，敷痈肿、骨疽。可鲜、可脯。多食热中，热则生风，变生诸病。盖诸鱼在水，无一息之停，发风动疾，不独鲤也。以鲤脊上有两筋，故能神变，而飞越江湖，为诸鱼之长。品虽拔萃，性不益人。杭俗以其为圣人之讳，相戒勿食，最通。其两筋及黑血皆有毒。天行病后及有宿证者均忌，醉者尤甚。曩①余游婺，见烹此者，必先抽去其筋，而他处不知也，甚以醉鲤为病人珍味，岂不误人？

① 曩：以往，以前。

鲟　鱼

（一名鲢鱼）

甘温。暖胃，补气，泽肤。其腹最腴，烹鲜极美，肥大者胜，腌食亦佳。多食热中、动风、发疥。痘疹、疟、痢、目疾、疮家皆忌之。

鳙　鱼

（亦作溶鱼，一名鳙鱼，俗呼包头鱼，以其头大也）

甘温。盖鱼之庸，常以供馐食者，故命名如此。其头最美，以大而色较白者良。

鲩　鱼

（音混，俗作鲭，非）

甘温。暖胃，和中。俗名草鱼，因其食草也。婺州云间，以其色青也，误以青鱼呼之。禾人名曰池鱼，尤属可笑。夫池中所蓄之鱼，岂独鲩而已哉！

青　鱼

甘平。补气，养胃，除烦满，化湿，祛风，治脚气、脚弱。可脍、可脯、可醉。古人所谓五侯鲭即此。其头尾烹鲜极美，肠脏亦肥鲜可口。而松江人呼为乌青，金华人呼为乌鲻，杭人以其善啖螺也，因呼为螺蛳青。其胆腊月收取阴干，治喉痹、目瘴、恶疮、鱼骨鲠，皆妙。

上五种，皆购秧而蓄之，故无子。惟鲤鱼则溪河亦有，故间有有子者。

脍　以诸鱼之鲜活者，刽切而成。青鱼最胜，一名鱼生。沃以麻油、椒料，味甚鲜美，开胃析酲。按《食治》云：凡杀物命，既亏仁爱，且肉未停冷，动性犹存，烹饪不熟，食犹害人。况鱼脍肉生，损人尤甚，为癥瘕，为锢疾，为奇病，不可不知。昔有食鱼生而成病者，用药下出，已变鱼形，鲙缕尚存；有食鳖成积者，用药下出，已成动物而能行:可不戒者!

酢　以摻酝酿而成,俗所谓糟鱼、醉鲞是也。惟青鱼为最美,补胃,醒脾,温营,化食。但既经糟醉,皆能发疥、动风,诸病人均忌。

鳟　鱼

（一名赤眼鱼）

甘温。补胃,暖中。多食动风、生热。

鲻　鱼

甘平。补五脏,开胃,肥健人。与百药无忌。湖池所产,无土气者良。腹中有肉结,俗呼算盘子,与肠脏皆肥美可口,子亦鲜嫩,异于他鱼。江河产者逊之,但宜为腊。

白鱼

（一名鲚鱼）

甘温。开胃下气，行水助脾，发痘排脓。可腌可酢。多食发疥，动气生痰。

鳡鱼

（即鳏鱼，一名黄颊鱼）

甘温。暖胃，与鳟略同。

石首鱼

（一名黄鱼，亦名江鱼）

甘温。开胃，补气，填精。以大而色黄如金者佳。多食发疮、助热，病人忌之。腌而腊之为白鲞，性即和平，与病无忌。且能消瓜成水，愈腹胀、泻痢。以之煨肉，味甚美。太平所产，中伏时一日晒成，尾弯色亮，味淡而香者最良，名松门台鲞。密收，勿受风湿，可以久藏。煮食开胃，醒脾，补虚，活血，为病人、产后食养之珍。

按：古人以干鱼为鲍鱼，《礼记》谓之薧，诸鱼皆可为之。《内经》治血枯用之，后人聚讼纷纷，迄无定指。愚谓台鲞，虽生嚼不醒，性兼通补，入药宜用此，为是。

其鳔甚薄，不为珍品，但可熬胶耳！

鮸　鱼

形似石首鱼而肥大，其头较锐，其鳞较细。鲜食味逊，但宜为腊。《正字通》以为即石首鱼者，误也。鮸，本音免，今人读如米。其鳔较石首鱼者大且厚，干之以为海错，产南洋者佳。古人名为鱁鮧[1]，煨烂食之，补气填精，止遗带，大益虚损。外感未清、痰饮内盛者勿食，以其腻滞也。又治诸血证，疗破伤风如神。

勒　鱼

甘平。开胃，暖脏，补虚。大而产南

① 鱁鮧：鱼仔酱。

洋者良。

鲜食宜雄，其白甚美；雌者宜鲞，隔岁尤佳。多食发风，醉者更甚。

鲳　鱼

（一作鲐）

甘平。补胃，益血，充精。骨软肉腴，别饶风味。小而雄者胜。可脯可胙，多食发疥、动风。

鲥　鱼

甘温。开胃，润脏，补虚。其美在鳞，临食始去。厥味甚旨，可蒸可糟。诸病忌之，能发锢疾。鳞可为钿[1]，亦可拔疔。

鲞　鱼

（亦作鲚）

甘温。补气。肥大者佳。味美而腴，

① 钿：用金银、贝等制作的器物。

亦可作鲊。多食发疮，助火。以温州所产有子者佳，干以为腊，用充方物，味甚鲜美，古人所谓子鱼是也。大者尤胜，食品之珍，与病无忌。

鲈　鱼

甘温，微毒。开胃，安胎，补肾，舒肝。可脯可鲊。多食发疮，患癖。其肝尤毒，剥人面皮。中其毒者，芦根汁解之。

鲭　鱼

（其美在脊也，俗作鲫，一名鲋鱼）

甘平。开胃，调气，生津，运食，和营，息风，清热，杀虫解毒，散肿愈疮，止痢，止疼，消疳，消痔。大而雄者胜，宜蒸煮食之。外感邪盛时勿食，嫌其补也。余无所忌，煎食则动火。

痔血，鲫鱼常作羹食。酒积下血，酒煮鲫鱼常食。浸淫疮，生鲫鱼切片，盐捣贴，频易。

鲂鱼

（一名鳊鱼）

甘平。补胃，养脾，祛风，运食。功用与鲫相似，产活水中，肥大者胜。

鳜鱼

（一名鲚鱼）

甘平。益脾胃，养血，补虚劳，杀劳虫，消恶血，运饮食，肥健人。过大者能食蛇，故有毒而发病。

鲂鱼

（一名渡父鱼，俗呼土鲋，亦曰菜花鱼）

甘温。暖胃，运食，补虚。春日甚肥。与病无忌。

鲦　鱼

（一名白条，小者名鳘鱼）

甘温。暖胃。助火发疮，诸病人勿食。

银　鱼

（一名脍残鱼）

甘平。养胃阴，和经脉。小者胜，可作干。

蠡　鱼

（一名黑鳢，亦名乌鳢，亦曰黑鱼，即七星鱼）

甘寒。行水，化湿，祛风，稀痘，愈疮，下大腹水肿、脚气，通肠，疗痔，主妊娠有水肤浮。病后可食之。道家以为水厌。

稀痘，除夕黄昏，用大黑鱼一尾，煮汤浴小儿，七窍俱到，不可嫌腥，以清水洗去也，甚验。水气垂死，肠痔下血，黑鱼一斤重者煮汁，和冬瓜、葱白作羹食。偏正头风，陈黑鱼头，煎汤熏数次，断根。

鲟　　鱼

甘温。补胃，活血，通淋。多食发疥、患癥。味佳而性偏劣，作胙亦无补益。鼻脯肥美疗虚，子主杀虫，味亦肥美。

鳇　　鱼

（亦作黄，本名鳣，一名蜡鱼，亦名玉版鱼）

甘温。补虚，令人肥健。多食难化，发疥，生痰。作胙极珍，亦勿多食。反荆芥。其肚及子，盐藏颇佳。其脊骨、腮、鼻、唇、鬐，皆脆软，以充珍错，其鳔最良，固精，止带。

鮠　　鱼

（名鮰回，一名白鳠）

甘温。行水，调中，多食能动痼疾。

鲛　　鱼

（即鲨鱼）

甘平。补五脏，作胙甚益人。其皮亦良，解诸鱼毒，杀虫辟蛊，愈传尸劳。煨肉味佳，滋阴补血。鬣翅以清补胜，煨糜甚利虚劳。

乌　　鲗

（亦作乌贼，一名墨鱼）

咸平。疗口咸，滋肝肾，补血脉，理奇经，愈崩淋，利胎产，调经带，疗疝瘕，最益妇人。可鲜可脯，南洋所产淡干者佳。

骨名海螵蛸，入药功相似。

卒然吐血，小儿痰齁，并以海螵蛸末二钱，米饮下。

跌打出血，海螵蛸末敷。

比　目　鱼

（本名鲽，一名箬鱼）

甘平。补虚。多食动气。

鲇　　鱼

甘温，微毒。利小便，疗水肿、痔血、肛痛。不宜多食。余病悉忌。反荆芥。口眼㖞斜者，活切其尾尖，朝吻贴之。

黄　颡　鱼

（俗呼黄刺鱼）

甘温，微毒。行水，祛风，发痘疮，反荆芥。

河　豚　鱼

（一名西施乳）

甘温。补虚，祛湿，疗痔，杀虫。反荆芥、菊花、桔梗、甘草、附子、乌头。中其毒者，橄榄、青蔗、芦根、金汁，或槐花微炒，同干胭脂等分，捣粉，水调灌之。其肝、子与血尤毒。或云去此三物，洗之极净，食之无害。然卫生者，何必涉险以试耶！

带　鱼

甘温。暖胃，补虚，泽肤。产南洋而肥大者良。发疥，动风，病人忌食。作鲞较胜，冬腌者佳。

鲼　鱼

（一名荷鱼，俗呼锅盖鱼）

甘咸平，尾有毒。主玉茎涩痛、白浊、膏淋。性不益有，亦可作鲞。

海　蛇

（一名樗蒲鱼，即水母也）

咸平。清热消痰，行瘀化积，杀虫止痛，开胃润肠。治哮喘、疳黄、癥瘕、泻痢、崩中、带浊、丹毒、癫痫、痞胀、脚气等病。诸无所忌。陈久愈佳。

虾

甘温，微毒。通督壮阳，吐风痰，下乳汁，补胃气，拓痘疮，消鳖瘕，敷丹毒。多食发风动疾，生食尤甚。病人忌之。

海虾　性味相同，大小不一，产东洋者尤佳。盐渍暴干，乃不发病。名式甚多，厥味皆鲜。开胃化痰，病人可食。其子可腌、可暴，味亦鲜美。

海　参

咸温。滋肾，补血，健阳，润燥，调经，养胎，利产。凡产虚、痢后、衰老、尪孱，宜同火腿或猪羊肉煨食之。种类颇多，以肥大肉厚而糯者，膏多力胜。脾弱不运、痰多、便滑、客邪未净者，均不可食。

蟾 蜍

甘苦凉。清热，杀虫，消疳，化毒，平惊，散癖，行湿，除黄，止痢，疗温，愈诸恶疮及瘈犬咬。凡小儿疮家、疫疠，并宜食之，其肝尤良。其眉间白汁有大毒，名蟾酥，为外科要药。

发背肿毒初起，取活蟾蜍一只，系放疮上半日，蟾必昏愦，置水中救其命。再易一只如前法，蟾必踉跄。再易一只，必俟蟾如故，则毒散矣。

田 鸡

（一名水鸡）

甘寒。清热，行水，杀虫，解毒，愈疮，消疳，治痔。多食助湿，生热。且肖人形，而杀之甚惨。孕妇最忌，其骨食之患淋。

鳗鲡

甘温。补虚损，杀劳虫，疗疬疡、瘘疮，祛风湿。湖池产者胜，肥大为佳。蒸食颇益人，亦可和面。

苗亦甚美，名曰鳗线。然其形似蛇，故功用相近。多食助热、发病。孕妇及时病忌之。且其性善钻，能入死人、死畜腹中，唼① 其膏血。不但水行昂首，白点黑斑，四目无腮，尾扁过大者，始为毒物也。尊生者慎之！

产海中者，形大性同，名狗头鳗，多腌为腊。疮、痔家宜食之，余病并忌。

䱇

（俗作鳝，亦呼鳝鱼）

甘热。补虚助力，善祛风寒湿痹，通血脉，利筋骨。治产后虚羸，愈臁疮、痔瘘。肥大腹黄者胜。宜与猪脂同煨。多

① 唼：水鸟或鱼类吞食。

食动风、发疥，患霍乱损人。时病前后，疟、痞、疸、胀满诸病，均大忌。黑者有毒，更有蛇变者，项下有白点，夜以火照之，则通身浮水上，或过大者皆有毒，不可不慎也。

其血涂口眼㖞斜、赤游风，滴鼻止衄，滴目治疹后生翳。

鳅

（俗名泥鳅）

甘平。暖胃，壮阳，杀虫，收痔。耕牛羸瘦，以一条送入鼻中，立愈。

蚺　蛇

甘温。治诸疮疡，辟蛊，杀虫，化毒，祛风，除痹，御瘴，疗瘈犬咬。味美胜鸡。烧酒浸之，历久不坏。胆为伤科圣药，腹内之油缩阳。雄蛇之如意钩，又为房中妙品。

白 花 蛇

甘咸温。祛风湿，治半身不遂，口面㖞斜，风疠，疬疡，骨节疼痛，痘疮倒陷，搐搦，惊痫，麻痹不仁，霉疮，疥癣。头尾甚毒，去尽用之。产蕲州者良，虽干枯而目光不陷，故一名蕲蛇。凡饮蛇酒，切忌见风。

乌 蛇

甘平。治诸风顽痹，皮肤不仁，热毒癞疮，眉髭脱落。功并白蛇，性善无毒。

《朝野佥》载：商州有人患大风，家人恶之。为起茅屋，有乌蛇堕酒缶，时病人不知，饮酒渐瘥，瓶底见有蛇骨，始知其由。

一法，以大乌蛇三条，蒸熟，取肉焙干蒸饼，丸米粒大，以喂乌鸡，待尽，杀鸡烹熟，取肉焙研末，酒服一钱，或蒸饼丸服，不过三五鸡愈。

一法，用大乌蛇一条，打死，盛之待烂，以水二碗，浸七日，去皮骨，入糙米一升，浸一日，晒干，用白鸡一只，饿一日，以米饲之，待毛羽脱尽，杀而煮食，以酒下之，吃尽，用热汤一盆，浸洗大半日即愈。

或谓君以限于篇幅，虽谷肉果菜，未及遍搜。顾因鳗、鳝而类及于蛇，岂以其形相若耶？然毒物恶可以供馔也？余曰：子但知蛇之毒，不可以供食，而不知腊之以为饵，可治大风、挛腕、瘘、疠，去死肌，杀三虫。更有乌蛇之性善无毒，误饮其酒者，大风遂愈。此非常之士，能立非常之功也。彼鳗、鳝者，世以为寻常食品，竟有食之而即死者。此庸碌之人，往往偾事也。类而谱之，可为任才者，循名不责实之鉴，岂徒为饮食之人，费笔墨哉！

龟

四灵之一，变化通神，本非食品，亦与蛇匹。有杀之而得祸者，有食之而即死者，书家所载甚多，兹不具赘。不但为孕妇所忌也。

其壳入药，但可煎熬，末而服之，能还本质。

鳖

（一名团鱼，亦名甲鱼）

甘平。滋肝肾之阴，清虚劳之热。主脱肛，崩带，瘰疬，癥瘕。以湖池所产，背黑而光泽，重约斤许者良。宜蒸煮食之，或但饮其汁则益人。多食滞脾，且鳖之阳，聚于甲上，久嗜令人患发背。孕妇与中虚、寒湿内盛、时邪未净者，切忌之。又忌与苋同食。回回不食鳝、鳖，谓之无鳞鱼。凡鳖之三足者，赤腹者，赤足者，独目者，头足不缩者，其目四陷者，腹下有王字、卜字者，过大者，在山上者，有蛇纹者，并有毒杀人。或云：薄荷煮鳖亦害人。

其壳入药，亦不可作丸散服。人咬指烂久欲脱及阴头生疮，诸药不愈者，鳖甲煅存性，研，鸡子清调敷。

鼋[1]

甘平，有毒。难死通灵。异味损人，勿轻染指。

蟹

甘咸寒。补骨髓，利肢节，续绝伤，滋肝阴，充胃液，养筋活血。治疽，愈痃，疗跌打骨折筋断诸伤，解鳝鱼、莨菪、漆毒。壳主辟邪、破血。爪可催产、堕胎。种类甚繁，名号不一，以乌江、乌程、秀水、嘉兴、海昌等处河中所产，霜后大而脂满者胜。和以姜、醋，风味绝伦。多食发风、积冷。孕妇及中气虚寒、时感未清、痰嗽、便泻者均忌。别种更寒，尤不益人。中其毒者，紫苏、冬瓜、芦根、蒜汁，皆可解之。反荆芥，又忌同柿食。误犯则腹痛、吐利，急以丁香、木香解之。海产者黄坚满而无

① 鼋(yuán)：大鳖，一指蜥蜴。

膏，不鲜。并可盐渍、酒浸、糟酱久藏。得皂荚则不沙。

鲎①

辛咸平。杀虫，疗痔。多食发嗽及癣疮。腌以为胙，俗呼鲎酱。

蛎　黄

甘平。补五脏，调中，解丹毒，析酲，止渴，活血，充肌。味极鲜腴，海错珍品。周亮工比为太真乳。壳名牡蛎，入药。

蚌

甘咸寒。清热，滋阴，养肝，凉血，息风，解酒，明目，定狂。崩、带、痔疮，并堪煨食。大者为胜。多食寒中。外感未清、脾虚便滑者，皆忌之。

---

① 鲎（hòu 后）：节肢动物头胸有甲壳，形似龟、鳖，俗称水鳖子。

蚬

甘咸寒。清湿热，治目黄、溺涩、脚气，洗疔毒、痘、痈诸疮。壳黄而薄者佳。多食发嗽、积冷。

蛤　蜊

甘咸寒。清热，解酒，止消渴，化癖除癥。多食助湿、生热。

蛏

甘平。清胃，治痢，除烦，补产后虚，解丹石毒。可鲜可胙，时病忌之。

蚶

甘温。补血，润脏，生津，健胃，暖腰，息风，解毒。治泄痢脓血、痿痹不仁。产奉化者佳。可炙可胙。多食壅气。湿热盛者忌之。壳名瓦楞子，入药涤饮、消癖、破血、止疼。敷牙疳，皆有效。

鳆　鱼

甘咸温。补肝肾，益精，明目，开胃，养营，已带浊崩淋，愈骨蒸劳极。体坚难化，脾弱者饮汁为宜。

壳入药，名石决明，主镇肝磨障。

淡　菜

甘温。补肾，益血，填精。治遗、带、崩、淋、房劳、产怯、吐血、久痢、膝软腰疼、痃癖、癥瘕、脏寒腹痛、阳萎阴冷、消渴、瘿瘤。干即可以咀食，味美不腥。产四明者，肉厚味重而鲜，大者弥胜。

江 瑶 柱

甘温。补肾，与淡菜同。鲜脆胜之，为海味冠。干者咀食，味美不腥，娇嫩异常，味重易化。周栎园比之梅妃骨。其壳色如淡菜，上锐下平，大者长尺许，肉白而韧，不中食，美惟在柱也。濒湖以为海月者，谬也。

璅　珪

甘平。开胃，滋液，补虚，化浊，升清，聪耳，明目。按璅珪状似珠蚌，壳青黑色，长寸许，大者二三寸，生白沙中，不污泥淖，乃物之最洁者也。有两肉柱，能长短。又有数白蟹子在腹中，状如榆荚，合体共生，常从其口出，为之取食，然璅珪清洁不食，但寄其腹于蟹；蟹为璅珪而食，食在蟹，而饱在璅珪，故一名共命螺，又名月蛄。每冬大雪，则肥莹如玉，日映如云母，为海错之至珍，至海镜，即海月也，一名石镜，亦名蛎镜，又呼膏药盘，土人磨其壳以为明瓦者，一壳相合甚圆，肉亦莹洁。有红蟹子居其腹为取食，名曰蚌奴，与在璅珪腹者白蟹子，各不同也。

西施舌

甘平。开胃，滋液，养心，清热，息风，凉肝，明目。海错美品，得此佳名，实即车蛤也。

海螺

甘冷。明目，治心腹热痛。厣名甲香，主管领诸香。

田螺

甘寒。清热，通水，利肠。疗目赤、黄疸、脚气、痔疮。多食寒中，脾虚者忌。性能澄浊，宜蓄水缸。

小便不通，腹胀如鼓，大田螺，盐半匕，生捣敷脐下一寸三分，亦治水气浮肿，同大蒜、车前捣贴。噤口痢，大田螺二枚杵烂，入麝香三分，作饼，烘热，贴脐间半日，即思食矣。脚气上冲，大田螺杵烂，敷两腿上。疔毒、痔疮，田螺入冰片，化水点之。

螺　　蛳

甘寒。清热，功逊田螺。过清明不可食。

海　　蛳

咸凉。舒郁，散热结，消瘰疬。

吐　　铁

咸寒。补肾，明目，析酲。以大而肉嫩无泥，拖脂如凝膏，大如本身者佳，产南洋，腌者味胜，更以葱酒醉食，味益佳。

蚕　　蛹

甘温。补气，止渴，杀虫。治疳积、童劳，助痘浆、乳汁。缫丝后滤干，晒焙极燥，可以久藏。气香最引蜈蚣，故须密收。

炙食味佳。患脚气者忌之。瘈犬咬者，终身勿犯，误食必难免也。

蛗　螽[1]

蛗从阜，言其生息之繁；螽从冬，言其子能历冬不死，必得大雪，则入土也。种类不一，形状稍殊，《春秋》书之。以其害稼，实即蝗之属也。若旱年水涸，鱼虾诸子，悉化蛗螽之类而食禾，人始称为蝗矣。故平时之蛗螽，旱岁之蝗，北人皆炙而食之。辛甘温。暖胃助阳，健脾运食。喂猪最易肥腯。

按：捕蝗虽有法，必得大雨而始息者。蝗得水而复可为鱼虾也。呜呼！犹之民失教，以为盗贼，诛之必不胜诛；得有善教者，何难复化为民耶？谱饮食，以水始，以蝗终。读是书者，毋使民之失教，如鱼虾之失水，则蝗飞何至蔽天？庶不徒为饮食之人矣。

---

① 蛗螽（fù zhōng 阜中）：蚱蜢。

吾师尝自书楹帖云:近人情之谓真学问,知书味即是活神仙。开第谓读破万卷者多,识此十六字者鲜;必识此十六字,方许读是书。受业门人,同邑周开第嗣香拜识。

跋(一)

昔汪信民先生曰:人尝咬得菜根,则百事可做。噫!岂为咬菜根者言耶!

清朝汤文正公抚吴时,日给惟荠韭。其公子偶市一鸡,公知之,立召公子跪庭下,责之曰:恶有士不嚼菜根,而能作百事者哉?即遣去。奈何世之肉食者流,竭人脂膏,供其口腹,豢其妻孥,以为分所应尔。及当天下事,则碌碌无所措。暴殄天物,莫此为甚。饮不思源,则为忘本。此梦隐《饮食谱》之所由作也。梦隐名重三江,传食诸候数十年。会世有乱征,归处穷乡,布素自甘,粹然儒士。门以内,不佞[①]佛,亦不杀生。盖俭以养廉,澹以寡欲,安贫之道于是,欲疾之方于是。而其立身、养生之有素者,慨然欲与世共,而谱

① 佞:迷信。

是书。书先水谷。水，食之精也；谷，食之本也；调和为制宜之具也，蔬果亦日用之常也，故曰饮曰食，而考之实，辨之详。毛羽鳞介不言食，以非人人可常食也。至谷食，以番储终救荒之功也。至蔬食，以菽乳终薄海之常馔也。义例谨严，意寓惩戒，美不胜书。书所管见者，苏文忠公云：屠杀牛羊，刳脔鱼鳖，以为膳羞，食者甚甘，死者甚苦。故无故不杀，闻声不食。古圣贤于斯，三致意也。则是书之微意，实通古今，而酌其宜，岂若愚人佞佛，持戒杀之说，而终不可行者耶？且梦隐尝处膏脂而润，今食糠秕而充饥，盖无入而不自得也。是编之纂，直胥天下后世，而饮食之、教悔之，顾可以养生、却病，一端视之哉！余敢述其微，以告夫世之肉食者。

清咸丰辛酉仲冬秀水董耀枯匏

跋（二）

春秋战争七十国，而颜渊、原宪之徒，以陋巷终者。其时，天下尚能容隐君子也。夫隐君子者，或高尚其事而隐，或功成身退而隐，或时不可为而隐，或不堪从政而隐，类皆有地以容其隐者也。否则，托迹于农、工、樵、贾、缁黄[①]、末伎之流，以自食其力而隐。其途虽殊，其归则同。更或力不能为农、工、樵、贾、缁黄、末伎者，如留候、邺候之隐于白云乡，刘、阮、陶、李之隐于醉乡，司马长卿以温柔乡隐，希夷先生以睡乡隐，尤为隐中之尤著者也。吾友海昌王君，抱有用之才，无功名之志，操活人之术，而隐于布衣。此海丰张雨农司马以为奇人，而吾乡庄芝阶中翰称曰隐君子也。余谓惟奇人斯能

① 缁黄：僧道的代称。

隐，王君身虽隐而名望日隆，遨游公卿数十年，知劫运酿成，莫从挽救，飘然归籍，贫无立锥，尝著《归砚录》以见志。乃不数年，而遍地荆榛，砚田芜秽，痴无所用，身亦难潜。君号半痴，而颜①其室，曰潜斋。今挈眷来此，米珠薪桂，并日而食，因纂《饮食谱》以摅怀，易字曰梦隐。噫！顾仁术犹不能容于扰攘之世，而欲追步希夷，隐于睡乡，以待承平之日哉！是谱以水始，以蝗终，寓意深矣，梦隐身尝世味，如辨淄渑②，岂治乱之理，果可征之人事欤！初，省垣以重兵自卫，縻饷年余，秋杪被围，至六十余日，升米三千，斤蔬七百，草根掘尽，饿莩者以数万计；卒以兵溃城陷，死于锋镝及自殉者亦以万许；而被掳与流传而死者，又不可以数计。千古名城，遂无噍类，蝗飞蔽天之祸，竟至是耶！呜呼，惨矣！韩子云：食焉而怠其事，必有

① 颜：门框上的横匾。

② 淄渑：指山东省内的古河淄水和渑水。

天殃。殃之及也，生民涂炭，可不痛哉！是书言近而旨远，吾愿后之览者，无负其苦心焉。爰抒闻见，跋诸卷尾。

咸丰辛酉嘉平秀水吕大纲慎盦

声　明

由于年代久远，在本书的重印过程中，部分点校及审读者未能及时联系到，在此深表歉意。敬请本书的相关点校及审读者在看到本声明后，及时与我社取得联系，我们将按照国家有关规定支付稿酬。

天津科学技术出版社